国家社会科学基金一般项目"西部地区农户生产行为与土地流转的组织与创新研究"（项目编号：09BJY062）

# 西部地区农户生产行为与土地流转的组织创新研究

张爱婷 / 主编  孙学英 / 副主编

中国社会科学出版社

# 图书在版编目（CIP）数据

西部地区农户生产行为与土地流转的组织创新研究/张爱婷主编．—北京：中国社会科学出版社，2017.5
ISBN 978-7-5203-0437-5

Ⅰ.①西… Ⅱ.①张… Ⅲ.①农户—农业生产—研究—中国②农村—土地流转—研究—中国 Ⅳ.①F325.1②F321.1

中国版本图书馆 CIP 数据核字（2017）第 117329 号

| 出 版 人 | 赵剑英 |
|---|---|
| 责任编辑 | 刘晓红 |
| 责任校对 | 周晓东 |
| 责任印制 | 戴 宽 |
| 出 版 | 中国社会科学出版社 |
| 社 址 | 北京鼓楼西大街甲 158 号 |
| 邮 编 | 100720 |
| 网 址 | http：//www.csspw.cn |
| 发 行 部 | 010-84083685 |
| 门 市 部 | 010-84029450 |
| 经 销 | 新华书店及其他书店 |
| 印 刷 | 北京明恒达印务有限公司 |
| 装 订 | 廊坊市广阳区广增装订厂 |
| 版 次 | 2017 年 5 月第 1 版 |
| 印 次 | 2017 年 5 月第 1 次印刷 |
| 开 本 | 710×1000 1/16 |
| 印 张 | 13 |
| 插 页 | 2 |
| 字 数 | 201 千字 |
| 定 价 | 59.00 元 |

凡购买中国社会科学出版社图书，如有质量问题请与本社营销中心联系调换
电话：010-84083683
版权所有　侵权必究

# 前　　言

改革开放以来，家庭联产承包责任制一直是中国农村的基本土地制度。但是，随着现代技术的发展，家庭联产承包责任制对农业激励作用潜能释放逐渐消散，由其造成的土地细碎化制约了农业生产的进一步发展。在西部地区，农业的发展严重落后于工业的发展，特别是在西部纯农区，大部分农户主要依靠土地为生，不愿意放弃土地向非农部门转移，难以形成规模化经营，严重影响了西部地区农业生产的效率。结合西部地区农业、农村的特征及农户的生产行为特征，提出西部地区农地流转制度发展与创新的目标模式，以及相应的发展思路和措施，为加快西部地区农业用地顺利流转，实现西部农业生产的规模化、集约化、现代化经营提供参考。

本书回顾了改革后中国农村土地制度变迁的历程，总结了不同阶段农村土地制度的特点，分析了目前农村土地流转的现状及存在的问题。综合运用发展经济学、制度经济学和社会学理论，采用定性与定量相结合、理论分析与实际调研相结合、传统计量方法与数据挖掘方法相结合，对西部地区土地流转的环境、特征、模式以及绩效进行分析，在此基础上提出了西部地区农村土地流转组织创新机制。具体主要内容归纳为以下几方面：

1. 写作的背景、意义及相关理论

第一章、第二章梳理介绍了本书研究过程中借鉴的理论基础，对相关概念进行了进一步的界定。该部分内容由张爱婷执笔。

2. 介绍新中国农村土地制度变迁的历程，构建土地流转的 SCCP 的分析范式

第三章，将新中国成立后中国农村土地制度的变迁归纳为四个阶

段，分析了农村土地经历的个体农户私有向集体所有制转变的过程，分析了在所有权转变的过程中伴随着其他权益的变化情况，该部分由张爱婷执笔。第四章，首次构建了土地流转的 SCCP 分析范式，SC 是影响西部农户土地流转行为中的外部因素及内部因素，CP 是将内外部因素有机结合起来所决定的土地流转具体方案设计，及实施中的保障及机制，本书研究认为西部农村土地流转研究应该是四个环节之间的有机结合。该章内容由孙学英、张爱婷共同完成。

3. 基于数据挖掘方法下的西部地区农户土地流转行为分析

第五章、第六章，基于西部地区土地流转的 SC 分析基础，对农户土地流转行为可能产生影响的因素归纳为 5 个方面：农户拥有的生产土地的状态、农户家庭劳动力资源、农户生产行为特征、农村经济组织及保障性制度、拥有生产性固定资产情况等，共考虑到的影响因素有七十多个。根据西部部分农户（2220 户）的调查数据，运用 BP 神经网络方法挖掘筛选了对农户土地流转行为具有重要影响的 17 个变量，进一步运用 logistic 模型对农户土地流转行为进行计量分析。该部分创新点：一是在农户土地流转的因素中，首次将基于 CS 分析到的可能对农户土地流转行为产生影响的内部因素及外部因素纳入分析；二是首次利用数据挖掘方法根据调查数据挖掘重要变量并对变量间的关系进行量化分析。该部分内容由张爱婷、孙学英共同完成。

4. 对西部土地流转典型案例进行剖析

第七章，选择了西部地区 3 个土地流转成功的典型案例（1 个平原，两个高原，对西部干旱地区具有一定的代表性）进行连续跟踪监测，剖析土地流转的组织机制与及绩效，总结项目中成功实现土地流转的经验。通过对 3 个土地流转典型案例的剖析，得到西部地区土地顺利流转的关键点有：一是根据区位优势、产业优势选择特色产业及项目，利用特色项目、特色产业带动土地流转是一条有效率的路径；二是西部地区的土地流转中，政府主导与农户自愿的有效结合、完善的土地流转管理机制、以及政府的金融、政策等各项扶持是土地流转顺利实现的基础；三是具有实力雄厚的龙头企业支撑，采取"企业（合作社）+高校（技术）+农协+农户"等的协作形式及订单式农业种植模式是土地流转顺利实现的保障；四是合作社、农户及企业的无缝对接是实现土地顺利流转及农业规模生产的前提，合作社的发展壮大为规范化、规模化农业生产提供了保障。典型地区土地流转的经验总结，对西部地区创新土地流转机制具有重要的实践意义和参考价值。该部分内容由张爱婷执笔。

5. 对台湾地区的三次土地制度变革进行剖析

第八章，从台湾地区三次土地改革的背景、思路、措施及取得的成就入手，纵观台湾的三次土改，第一次土地改革采取温和的措施，实现了耕者有其田；第二次采用土地重划的方式引导，引导小农户转业或鼓励扩大耕种面积；第三次通过放宽土地流转条件，重视合并较为分散零碎的土地，同时注重农村居民的生活环境，改善乡村地区的社会经济条件。总结台湾地区的三次土地改革的经验和教训，对西部地区土地流转具有很好的借鉴作用。该章内容由谢邦昌教授与张爱婷共同完成。

6. 探讨了西部地区土地流转组织创新与制度安排

第九章，探讨了西部地区农地流转组织创新目标、模式的基础上，提出了西部土地流转组织创新体系的构建原则，并以此构建了包含两个层次、五个子系统的土地流转创新体系包括，最后探讨了西部地区土地承包权的退出及进入机制，分析了在退出机制中，中央政府、农民户籍所在地政府、农民户籍迁入地政府在土地承包权退出及农民工市民化中各自的职责及角色新框架，探索了在土地经营权流转机制中涉及中央和地方政府的职责，以及他们之间的组织领导与协调管理的机制关系。该部分内容由张爱婷执笔完成。

本书在写作过程中，感谢国家社科基金项目的支持（项目编号：09BJY062）。研究过程中完成的《基于数据挖掘方法下农户土地流转行为研究》参加了2011年全国统计建模大赛，在全国参赛的近500个参赛队里，经过答辩角逐，取得第六名的好成绩，获得全国统计建模大赛二等奖。在对西部典型地区的个案分析中，对3个地区土地流转的跟踪监测及分析结论得到陕西省农发办、世界银行农业科技扶持项目组的认可。

# 目 录

**第一章 导言** ·········································································· 1

    第一节 研究背景及问题的提出 ······································· 1

    第二节 国内外研究现状 ······················································ 4

        一 国内研究综述 ································································· 4

        二 国外研究综述 ································································· 9

    第三节 研究内容及研究思路 ············································ 11

**第二章 土地流转的相关概念及相关理论** ···························· 13

    第一节 相关概念界定 ························································ 13

        一 土地承包经营权 ···························································· 13

        二 农村土地流转 ································································· 14

        三 农村土地流转机制 ························································· 15

    第二节 土地流转的主要理论依据 ···································· 15

        一 地租理论 ········································································· 15

        二 制度变迁理论与产权理论 ············································ 16

        三 规模经济理论 ································································· 17

    第三节 行为理论与农户行为理论 ···································· 17

        一 行为理论 ········································································· 17

        二 农户行为理论 ································································· 18

**第三章 新中国农村土地制度变迁历程及土地权益流转** ····· 20

    第一节 新中国农村土地制度变迁的历程 ······················· 20

一　第一阶段：强制的土地改革（1949—1953 年） …… 21
　　二　第二阶段：人民公社体制（1953—1978 年） …… 22
　　三　第三阶段：家庭联产承包责任制(1978—1983 年) …… 23
　　四　第四阶段："新土改"（1983 年至今） …… 24
第二节　农村土地流转模式及权益流转 …… 27
　　一　土地互换 …… 27
　　二　土地转包 …… 29
　　三　土地出租 …… 30
　　四　土地入股 …… 31
　　五　土地转让 …… 32

**第四章　土地流转的 SCCP 分析范式构建** …… 35
第一节　形势与特征分析（SC） …… 36
第二节　流转模式设计与执行（CP） …… 37

**第五章　西部地区土地流转的 SCCP 范式分析** …… 38
第一节　西部地区形势分析 …… 38
　　一　土地资源状态及特征 …… 38
　　二　农村劳动力资源状况及特征 …… 45
　　三　农村交通、电力及通信发展状况及特征 …… 50
　　四　农村文化发展状况及特征 …… 52
　　五　农村组织机构发展及现状 …… 53
第二节　西部地区土地流转实施现状及存在的问题 …… 56
　　一　土地流转的模式 …… 56
　　二　土地流转实施现状 …… 57
　　三　土地流转中存在的问题 …… 67

**第六章　基于截面调查数据的西部地区农户土地流转行为分析** …… 69
第一节　农户土地流转行为的定性分析 …… 69
　　一　农户拥有的土地状态 …… 69

二　农户家庭劳动力资源特征 …………………………… 70
　　三　家庭生产行为特征 …………………………………… 70
　　四　农村经济组织及保障性制度 ………………………… 71
第二节　基于神经网络方法的农户土地流转的
　　　　影响因素分析 ……………………………………… 71
　　一　神经网络基本原理 …………………………………… 72
　　二　基于BP神经网络模型的实证分析 ………………… 75
第三节　基于Logistic模型的农户土地流转行为的计量
　　　　分析 ………………………………………………… 79
　　一　Logistic回归模型的相关理论 ……………………… 79
　　二　Logistic模型实证分析 ……………………………… 83

## 第七章　西部地区农村土地流转个案剖析 …………………… 92

第一节　陕西铜川市耀州区酿酒葡萄产业基地土地流转设计与
　　　　绩效分析 …………………………………………… 93
　　一　铜川市耀州区酿酒葡萄产业基地的环境及特征（SC）
　　　　分析 ………………………………………………… 94
　　二　土地流转机制设计 …………………………………… 96
　　三　土地流转绩效评价 …………………………………… 98
　　四　土地流转方面的经验总结 …………………………… 100
第二节　杨凌农业高新技术产业示范区的土地流转模式
　　　　剖析 ………………………………………………… 102
　　一　杨陵地区产业基地的环境及特征（SC）分析 …… 103
　　二　土地流转运行机制 …………………………………… 105
　　三　土地流转绩效评价 …………………………………… 108
　　四　土地流转方面的经验总结 …………………………… 109
第三节　陕西铜川苹果项目土地流转设计与绩效分析 ……… 110
　　一　环境形势（SC）分析 ……………………………… 111
　　二　土地流转运行机制 …………………………………… 115
　　三　土地流转绩效评价 …………………………………… 116

四　土地流转方面的经验总结 …………………………… 117

## 第八章　台湾地区土地流转的个案剖析 …………………… 120

　第一节　台湾地区农村土地改革及土地流转模式 ………… 120
　　一　第一次土地改革：温和的土地改革 ……………… 120
　　二　第二次土地改革：以农业集约化为目的的土地
　　　　改革 …………………………………………………… 122
　　三　第三次土地改革：放宽条件的土地流转 ………… 127
　第二节　台湾地区土地改革对大陆的借鉴作用 …………… 130
　　一　台湾地区农村土地改革中取得的经验 …………… 130
　　二　台湾地区农村土地改革对西部地区农地政策的
　　　　借鉴作用 ……………………………………………… 132

## 第九章　西部地区土地流转组织创新与制度安排 ………… 137

　第一节　西部地区农地流转组织创新与目标模式的选择 … 137
　　一　创新主体的构建 …………………………………… 137
　　二　组织创新目标的选择 ……………………………… 142
　　三　土地流转组织创新体系的构建 …………………… 147
　第二节　西部地区农地流转中组织创新机制 ……………… 152
　第三节　西部地区土地流转中土地承包权的退出机制 …… 155
　　一　农民土地承包权退出的途径 ……………………… 155
　　二　农民土地承包权退出基本保障 …………………… 156
　　三　西部地区农村土地承包权的退出机制 …………… 159
　第四节　西部地区土地经营权流转机制 …………………… 162
　　一　土地经营权流转中的中央政府职责 ……………… 164
　　二　地方各级政府在土地经营权流转中的职责 ……… 165

## 第十章　研究结论及展望 ……………………………………… 170

　第一节　研究结论 …………………………………………… 170
　　一　构建了土地流转的 SCCP 分析范式 ……………… 170

  二 基于数据挖掘方法的西部地区农户土地流转行为
    分析 ………………………………………………………… 171
  三 对西部土地流转典型案例进行剖析 ………………… 171
  四 对台湾地区的三次土地制度变革进行剖析 ………… 173
  五 探讨了西部地区土地流转组织创新与制度安排 …… 173
 第二节 学术价值、应用价值以及社会影响和效益 ………… 174
 第三节 成果存在的不足或欠缺及尚需深入研究的问题 …… 175

**附录** ………………………………………………………………… 176

**参考文献** …………………………………………………………… 185

# 第一章 导言

## 第一节 研究背景及问题的提出

自新中国成立以来，农村土地制度发生了三次变迁：第一次是1949—1952年，第一次土地改革实现了农民土地所有制，达到了耕者有其田的目的。1953—1978年进行了第二次土地改革，先合作化，进而实行人民公社制度，实现了土地公有制。第三次是从1979年开始的农村土地制度改革，建立了家庭联产承包经营制度，实现了土地所有权和使用权的分离。家庭联产承包经营制度激发了农民生产的积极性和主动性，土地生产力水平得到显著提高，中国农产品长期短缺的历史告一段落。但是随着现代技术的发展，家庭联产承包责任制对农业激励的作用由潜能释放到逐渐消散，造成土地细碎化，对农业发展的负面影响逐渐显现，限制了农业生产的进一步发展。特别是西部地区，农业的发展严重落后于工业的发展，城乡差距越来越大，"三农"问题越来越严重。

中国经济发展和现代化建设的根本问题是农业、农村和农民问题，这三个问题通常合称"三农"问题。改革开放以来，每年的中央一号文件主题基本上都紧密围绕"三农"问题，但是城乡二元结构依然存在。1979年，我国农业产业比重为31.17%，农业劳动力比重为69.8%，二元对比系数为19.59%，二元反差系数为38.63%。经过30余年的改革与发展，目前我国农业产业比重约为12.8%，农业劳动力比重为44.7%，二元对比系数为17.6%，二元反差系数为

32.2%。对比二元对比系数及二元反差系数可以发现,改革开放 30 余年来农村二元结构得到一定缓解,但是效果不明显,二元反差系数下降约 6 个百分点,二元对比系数仅下降 2 个百分点。根据两个指标的构成探寻其原因可以发现,农业发展缓慢以及农业劳动力过剩是二元对比系数、二元反差系数变化不大的主要原因,也是二元结构存在的主要原因。因此解决城乡二元差距问题必须关注农村劳动力的转移与农业生产效率的提高,即解决城市化和农业的现代化问题。进入 21 世纪以来,城市现代化水平成为国家竞争力的重要标志,目前世界平均城镇化率为 50%,整个世界已经进入了城镇化时代,发达国家城镇化水平已经达到 70%—80%。2011 年年底,世界城镇化水平最高的国家是阿根廷,城镇化率为 92.5%,日本城镇化率为 91.3%。与发达国家相比,中国城镇化水平较低,到 2012 年,中国城镇化率平均为 52.6%。西部地区及中小城市的城镇化率远低于全国平均水平,仅为 35% 左右。因此促进农村劳动力向城镇转移,实现农业的规模化、集约化、现代化经营是我国经济社会发展中一项长期的任务,也是西部地区发展的关键。我国"十二五"及"十三五"规划纲要均强调"强农惠农,加快建设社会主义新农村"问题是一个极为重要的问题。可见农村发展滞后、农业基础薄弱是我国经济发展中长期存在的问题,也是亟待解决的突出问题。国民经济的基础是农业,农业不发展、不实现现代化,中国就不可能实现全面的小康和全面的现代化。

  在农业、农村和农民问题中,最根本的问题是土地问题。农民的命根子是土地,对农民来说,土地是财富之母,农民与土地血脉相连。几千年来土地问题一直是中国社会的核心问题,土地的占有和使用关系决定着整个社会的结构和关系。改革开放以来,农村土地在集体所有制的前提下实行家庭联产承包制,这一制度的实施调动了农民生产的积极性和主动性,提高了农业生产率。但是,随着现代化技术的日新月异,在家庭经营长期不变的情况下,中国以农户为生产单位的农业经营模式受到国外规模经营效应的严峻挑战。如何根据不同地区农户资源的利用现状,设计适宜的农民土地流转制度,克服土地利用的细碎化的局限性,提高地区农业劳动生产要素利用的效率,实现农业增效，是我国特别是西部地区解决"三农"问题的焦点。近年来我国各地对通过农村土地流转解决"三农"问题进行了有效的探讨。在坚持家庭联产承包责任制的基础上，农村土地流转制度改革实际上是推进土地产权在不同经济主体之间的流转，实现农村土地资源的合理流动，使农村经济效率得到提高。因此，设计合理的农地流转制度是实现农业规模经营化、现代化的重要途径。

中国各级政府先后出台了许多政策法规，鼓励及规范农地流转，希望达到农业的适度规模经营，取得了一定的成绩。在中国的经济发达地区，农民能够获取稳定的非农业收入，因此就可能将其承包的农地流转出去。而在中西部地区特别是纯农区，很多农民还是主要依靠土地为生，不愿意放弃土地向非农部门转移。截至2013年6月底，全国承包耕地流转面积3.8亿亩，流转比例达到28.8%。经营面积在50亩以上的专业种植大户超过287万户，家庭农场超过87万个（刘秀清，2014）。在实际的土地流转中，还有一些其他的流转模式，根据农业部的统计数据，2014年全国农村土地流转的主要形式有转包、出租、转让、互换、入股和其他，所占比例分别为53.65%、21.87%、8.84%、4.84%、4.61%和6.19%，目前企业直接租赁农户承包地的比例虽然不高，但是增速很快。在西部地区农村土地流转只有约17%，总面积中，转包、出租、转让、互换、入股和其他6种形式所占比例分别为56.87%、27.55%、10.48%、5.95%、1.91%和8.45%。和全国农村土地流转相比，西部地区农村土地流转互换模式占比较高，土地入股模式占比较低，因此西部地区土地流转才刚刚开始，市场化程度有待于进一步提升。

目前，西部地区的土地流转主要以家庭为单位农户自主流转，存在的问题主要有：其一，农户自主流转土地仍是主流，难以形成规模自主流转面积。农户自主流转的土地市场仅限于村级土地市场。其二，流转期限短，不利于土地的可持续开发与利用，机会主义行为严重。其三，土地流转行为不规范，土地流转机制缺乏有效性。其四，农村土地流转双方资金匮乏，是西部农业规模化经营的主要瓶颈之一。出现这些问题的原因是多方面的，但主要在于农村土地流转在我国实践的时间不长，人们对其发展不仅理论认识不够，而且在实践中尚存在种种疑惑，突出表现在以下几个方面：①适合西部地区农地流转的模式有哪些？②影响西部地区农地流转的因素有哪些？③政府、企业、农户及各种经济组织在土地流转中的角色是什么？究竟应该发挥什么样的作用？所有这些问题成为当前土地流转中不可回避的问题。要解决这些问题，关键是从理论上探明土地流转制度的变迁与创新的一般规律，寻求其发展的内在根据，揭示农地流转的前提和外部条件。本书研究的重点在于揭示国内外土地流转制度变迁与创新规律的同时，结合西部地区农业、农村的特征与农户的生产行为特征，提出西部地区农地流转制度发展与创新的目标模式，以及相应的发展思路和措施。因此本书的研究不仅在理论上有助于进一步加深对农业用地流转的认识，而且在实践中有助于正确指导西部地区农业用地的顺利流转，加快西部农业生产中的规模经营。

## 第二节　国内外研究现状

### 一　国内研究综述

中国土地法规定农村的农业用地归村农民集体所有，村民委员会或村集体经济组织者经营、管理农民集体所有的土地，从20世纪80年代初开始，采取家庭联产承包责任制的形式对农村土地进行管理与经营。家庭联产承包责任制是现行中国大陆农村的一项基本经济制度，是集体根据责、权、利相结合的原则，按人口比例将土地和其他生产资料承包给农户，承包户根据承包合同规定的权限，独立进行经营决策，农户在承包期内可依法、自愿、有偿流转土地承包经营权，禁止土地所有权转让。在当时的背景下，家庭联产承包责任制调动了农户生产的积极性，提高了农业生产率。但随着农业技术的发展，细碎化的农业经营模式逐渐成为农业发展的瓶颈，学者们及各级政府集中于在法律的范围之内，探讨土地经营权的土地流转及农业生产的规模化问题。具体表现在以下几个方面：

（一）关于土地流转的概念

中国《农村土地法律法规收集目录》中指出，土地流转包括土地归属关系的流转和土地利用关系的流转两个方面的内涵，土地利用关系的流转主要是指承包经营权流转。对于土地承包经营权流转的内涵，目前代表性的观点有：《有关农村土地的主要法律法规》中指出，土地承包经营权的流转是原土地承包经营权人将土地承包经营权转移给他人，使他人成为新的土地承包经营权人的过程；林亮景（2012）认为土地承包经营权流转是移转物权性质土地承包经营权中的部分权能。部分学者从流转表象上进行概念界定，闫文（2010）等认为土地承包经营权流转是指根据法律规定和承包合同约定，土地承包经营权人将取得的土地承包经营权通过转包、出租、互换、转让或其他方式让渡给他人的行为；夏柱智（2014）认为，农村土地承包经营权流转是指承包方与第三人订立合同，在一定的期限内将其通过家庭承包取得的土地承包经营权依法采取转包、出租、互换、转让或者其他方式改变土地承包经营权的民事法律行为；刘佳（2009）等认为土地承包经营权流转是土地使用权在不同经济实体之间的流动和转让，土地的流出方是土地承包者——农户和村集体，流入方是业主、种植大户、企业法人等。可见对于承包经营权流转的概念内涵，或从法律特征上进行界定，或从流转现象层面进行界定，尚未形成统一认识。

（二）土地流转的形式、效率及模式

对于流转形式，《农村土地承包法》规定："通过招标、拍卖、公开协商等方式承包农村土地，经依法登记取得土地承包经营权证或者林权证等证书，其土地承包经营权可以依法采取转让、出租、入股、抵押或者其他方式流转。"可见法律上规定的土地承包经营权的流转方式有互换、转让、转包、出租、入股、抵押等。针对法律规定的这些基本流转方式，从流转参与者的性质上，李淑妍（2013）将承包经营权流转分为两种，一种是分散的土地流转，另一种是集中的土地流转。从流转主体上，黄宝连（2012）按照流转主体的性质，将土地承包经营权流转界定为：基于市场交换原则，发生于农户与农户之间，或农户与企业、社区等经济组织之间，通过土地使用权流转价格反映的特定经济行为。

在土地流转的效率方面,杨德才(2005)认为在理论和实践层面上,股田制是解决当前我国农村家庭承包经营责任制面临的突出问题的较好方法,由于股田制模式产权明晰,能够根据市场调节生产结构,并充分尊重农户意愿自愿流转,解决了当前我国农村家庭承包责任制面临的一系列问题,因此应该作为我国目前最主要的土地流转模式。于传岗(2011)根据土地流转利益主体及作用程度不同,将农地流转模式归纳为政府、集体、农户三种主导类型,指出中央政府应加大政策力度,实现从地方政府主导型向农户主导型流转方式转变,并进一步壮大集体主导型流转方式,从而优化城乡资源配置,捍卫农民利益,构建农地流转长效机制。杨学成等(2008)对山东省农地使用情况进行调查后认为,政府必须严格控制土地调整的频率和规模,维护农村土地分配的公平和稳定,同时对土地调整的办法和实施过程给予严格的监督和管理。潘承凡(2007)通过研究重庆的农村土地股份制,也指出土地入股实现了土地的规模经营效益,同时又保护了农民权益,不仅推动了我国"三农"问题的解决,而且能够起到示范作用。周增军(2012)认为"股田制"值得推广,认为股田制增加了土地的金融属性、盘活了分散的土地资源,是我国推进城镇化建设与时俱进的表现。

农村土地流转抵押模式的研究中,土地使用权的抵押模式受到各界的关注。增强信贷支持农业规模经营,加快农村土地承包经营权流转,是进一步优化农村资源配置和促进现代化农村发展的必然选择。谌争勇(2012)在分析湖南省益阳市农村土地流转的抵押贷款模式与绩效时指出,"公司(农户或农合组织)+土地经营权抵押(产品预期收入质押)+信贷"的贷款模式,为促进农业适度规模化经营和农民增收起到了积极作用。

不同地区应因地制宜选择更加实用的流转模式。董国礼等(2009)针对我国土地流转的现状,以六个地区各县市的实地调研为基础,总结了私人代理、政府代理和市场代理三种土地流转模式,并对各种模式下的土地代理绩效做出比较分析,并指出安徽、四川等内陆省份城市规模小、土地流转率较低，一般多是私人流转模式；山东、江苏等沿海地区城市规模中等，经济水平高，农民不愿主动放弃土地，主要以政府主导的征地模式开展；上海、浙江等地土地流转市场化程度较高，主要是市场代理型土地流转模式。针对在各种土地流转模式中存在的问题，董国礼认为只有靠明晰的土地产权、高效的市场机制以及土地中介机构，配合国家提供便利的制度环境，土地流转才会不断在实践过程中逐步适应现代农村经济的市场化发展要求。黄祖辉用实证分析的方法，从地区分布情况和个体特征情况两方面说明了土地流转的新特点，即多元化、市场化、规范化和合理化。然而虚化的利益主体、分散的流转形式、无序的中介服务组织以及落后的社会保障体系等严重影响土地流转。黄祖辉认为应当在三权分离的基础上，不断完善土地产权关系、治权结构以及流转中介服务组织，建立一个"散户—中介组织—大户"的高效、有序的土地流转模式。

针对土地流转意愿方面，Tesfaye Teklu 对埃塞俄比亚农地市场进行了实证研究，发现农户扩大农地经营规模与家庭可利用的劳动力和牲畜数量密切相关，而年龄和教育对农地流转的影响尚不确定。邵景安、王春超、黄延信、乐章等实证分析了不同的经济类型区的土地流转现状，对不同地区农村土地流转状况进行了调查与思考，分析了农民土地流转的意愿以及各地土地流转的困境，提出土地流转的模式应该因地制宜。

（三）绩效分析

一些学者认为土地流转能够促进经济绩效的提高。冯炳英（2004）指出了农村土地家庭承包责任制的局限性，同时指出土地流转对农村经济的积极作用表现在：实现土地的规模经营，提升农业科技含量，缓解人地矛盾且实现了劳动力的有序转移，有利于调整农业结构和农民增收，最终推进了外向型农业的发展。汪建红等（2006）以江西省的农村土地流转现状为基础，探讨了农地流转机制效应和绩效分析，得出了与上述相同的结论。冯应斌等（2008）运用物理动力学的分析方法，从农村土地流转的几个利益关系方角度，分析土地流转的驱动力，运用成本—收益法对两类农户在土地流转前后的收益进行分析，结果表明，农村土地流转是促进农户收入增加的有效措施之一。岳意定等（2010）构建了农村土地流转的经济绩效评价指标体系，该指标体系包括农民生活改善、农村经济发展、农业产业发展三方面指标，通过实地调研对出租、反租倒包、股份合作制三种土地流转模式的经济绩效进行评价，结果发现股份合作制的土地流转模式带来的经济绩效最大。张梦琳（2013）研究了当前农村集体建设用地的流转，并指出在统筹城镇化背景下首先要保证土地要素配置效率与农民权益，实现土地分配的帕累托最优。

但是也有部分学者持不同观点，认为土地流转不一定促进农业绩效的提高。陈水生（2011）通过对土地流转政策变迁的梳理，采用实地调查的方法选取浙江慈溪、安徽潜山、重庆作为案例样本，考虑到土地流转水平、农民意愿、政府行为以及政策创新四个方面，分析了三个地区土地流转的政策绩效及其影响因素和可能的政策选择，得出结论：中国现阶段土地流转不能大规模推进，尚需借助一定的政策设计和制度安排，以促进其健康、适度、有效发展。韩冬等（2013）利用成都市2001—2010年农村土地综合整治的统计数据以及对五个地区农村集中居住新区的调查数据，从多重属性效用理论的利益相关者视角构建指标体系，采用FANP模型对土地综合整治综合绩效进行分析评价，得出结论：农村耕地面积开拓空间小、建设用地指标整理难度偏大、农业科技发展水平与生产率偏低、"空心村"现象严重等诸多问题仍亟待解决。

（四）动因和制约因素的研究

针对我国很多地区土地流转中出现的问题，学者们从不同层面分析影响承包经营权流转的因素，具体可归纳为以下两个层面：

从宏观层面来看：蒋满元等（2006）对中国农村土地流转动因进行分析，认为制度变迁的推动、社会经济的发展与经济主体的利己选择是加快我国农村土地流转的重要原因；吴金和等（2009）指出土地所有权、承包权、使用经营权三权分离的土地制度已不适应我国现阶段社会经济发展水平对农业发展的要求，并从市场经济和产权制度的视角证实了这一观点，提出必须完善和规范农村土地流转制度；在此基础上，南伟强等（2010）通过比较、分析现阶段我国存在的各种土地流转模式，认为一个地区选择土地流转模式应该综合考虑当地的社会经济发展与基础制度建设水平，无论采用何种流转模式，都应该切实注意保障农户权益；姚洋认为土地流转是农户自发要求形成的，并且认为农地制度是农村内部集体经济组织决策的结果，他假设在农户的生存约束下，农村内部集体经济组织倾向于采取使全村人口的福利之和最大化的农地制度，并在这个假设下，成功地解释了土地市场发育对土地调整的影响；叶剑平等研究发现农村土地流转规模较大的地区，多是第二、第三产业发展较好的经济发达地区。此外，任敬华（2014）、贺小慧（2014）等学者从农村土地"集体产权"的研究视角出发，研究发现制度主体虚位、管理混乱、权能不完整、缺乏排他性和自由处分权等是制约承包经营权流转市场发育的因素。

从微观层面来看：钟涨宝等（2008）从农户兼业现象出发，认为农户兼业制约了农地流转市场的发展，兼业行为分散了人力和资金，即使转出土地，合同期限也是短暂且不稳定的。Jin 和 Klaus 则认为非农就业人数会促进农地的流转，农村的非农就业人数与农村土地流转规模成正比。郭晓丽（2011）则特别指出农村土地流转还与家庭成员的受教育程度呈正相关关系，受教育程度越高，流转意愿越强烈。贺振华（2010）等认为，农户外出务工可以通过土地流转来提高土地资源配置效率，但也可能使土地配置更不均匀。贺雪峰（2010）认为农村土地流转还受农村传统习俗的影响。陈美球（2008）等指出土地流转的主要动因是劳动力产出效率低下，流转的主要目标在于提高农村土地利用率。

## 二 国外研究综述

土地流转是国外学者早期关注的焦点，很多国家都实行农地私有制，因此国外学者研究中所谓的农地流转（土地流转）更多的是指农地交易。农地交易方式、农地经营规模效率与农地交易的关系、影响农地交易的因素等是国外学者在农地交易方面的研究关注点。

关于土地规模效率问题，学术界也有不同的观点。Juliano、Assuncao 和 Maitreesh（2003）基于 20 世纪 60—70 年代大量的实证数据，研究认为小农户的土地产出率要高于大农户的土地产出率。但是更多学者的研究认为土地流转对土地规模经营具有促进作用，并且对规模经济和劳动效率具有提高作用。Wang Jirong 和 Gaill（1996）等研究了中国农村的土地流转，发现通过土地流转扩大家庭经营规模可以获得潜在的效率。

在对农业绩效与农地交易方式的研究中发现，从微观层面看，农户也会基于一种理性的考虑进行农地交易买卖。Terry（2003）、Brekke 和 Howarth（2000）、Howarth（1996）等的研究发现，社会经济环境影响农户农地所有权买卖，农户买卖土地不仅仅是考虑单一的经济因素，农户试图在利润和安全之间找到一个平衡点。Basu Arnab K.（2002）通过研究指出，在土地资源配置过程中，土地租赁市场合约是土地利用开发最常使用的形式，也是最有效率的土地资源分配方式。Feder 等（1998）也认为土地租赁对土地资源的配置比土地买卖更有效率。Dong Xiao - Yuan（1996）通过比较世界各国土地买卖和流转情况发现，农户通过土地租赁市场获取土地的方式越来越多，通过土地买卖获取土地的方式越来越少。例如，俄罗斯 1993 年出台的法令允许个人进行土地买卖，但 1994—2000 年，土地所有权买卖在每年的大量土地交易中所占比例极低，2000 年土地租赁市场大约占全年土地交易量的 90%（Wegren S. K.，2003）。在发达国家，农地租赁合约有固定地租合约、固定工资合约、分成地租合约等多种形式。

在影响农地流转因素方面的研究中，农地产权制度、交易费用、制度环境、经济环境等是影响农地交易的主要方面。在苏联、中东欧国家以及一些发展中国家，学者们研究的关注点是交易费用对农地交易和流转的影响。Bogaerts（2002）等研究发现中欧地区的国家制度因素增加了农地交易费用，阻碍了农地的交易。Dong Xiao - Yuan（1996）研究认为中国农地流转也受到交易费用的影响，种植大户或涉农企业为了租入大规模的农地发生很多次的小规模交易，导致交易成本大大增加，减弱了土地流入方对流转农地的需求。因此，较高的交易费用构成了农地流转的一大障碍因素。Tesfaye Teklu（2004）等研究发现，在埃塞俄比亚农地市场中，家庭可利用的劳动力和拥有牲畜的数量是农户扩大农地经营规模的主要影响因素，非农工作成员越多的家庭，租出农地的意愿越强；租入农地农户的家庭中，租入土地意愿与自身拥有土地数量、质量和女性劳动力数量呈负相关关系，与可利用的牲畜和家庭持有的财富呈正相关关系；家庭劳动力的年龄和受教育程度对农地流转的影响不确定。

综观国内外学者的研究可以看到，第一，现有研究主要集中在对农地流转方式、流转效率以及农地流转影响因素的研究上，研究的结论在很多方面还存在分歧。例如，农地私有化是否有利于促进农地流转市场发育？如何解决欠发达国家农地市场的效率问题？理论分析的交易费用、地权的稳定性对农地流转产生的影响在实践中是否真的能显现？第二，许多学者在对农户这一土地流转主体行为的研究中，更多的注意力仍然集中在农户农地流转行为意愿及其影响因素方面，对农户生产过程中的农地流转行为理由和过程的研究较少。因此，本书在现有研究成果的基础上，重点研究西部地区农户生产行为规律，探寻西部地区土地流转的理想模式，确定政府、企业、农户及各种经济组织在土地流转中的角色和作用，构建西部地区土地流转的机制。

## 第三节 研究内容及研究思路

本书在已有研究的基础上，综合运用现代新制度经济学、产业组织、社会学等相关理论与方法，结合西部地区产业特性，首先提出SCCP（Situation – Characteristics – Contract design – Performance）的分析范式；其次运用该分析范式分别对西部地区及台湾地区的土地流转的发展进行剖析，在此基础上揭示土地流转的组织创新及变迁的内在机理和一般规律；最后针对西部地区农业、农村、农民的实际情况，提出农地流转组织创新的模式选择、适宜的流转形式、微观制度安排、宏观制度构建以及政策思路和措施，推进西部地区土地流转的规模。

本书综合运用现代新制度经济学、产业组织、社会学等相关理论与方法，结合西部地区产业特性，从理论上分析影响农地流转方式与变迁的相关因素，进而研究在既定的土地集体所有及家庭承包制度不变的前提下，农户生产行为及土地流转的办法与绩效。

# 第二章 土地流转的相关概念及相关理论

## 第一节 相关概念界定

### 一 土地承包经营权

农村土地承包经营权简称土地承包经营权。其中，农村土地（农地）是指农业用地，国家将土地的利用现状分为三类，除了建设用地和未利用地外的其他土地均为农业用地，农业用地包括耕地、园地、林地、草地等。我国《土地法》规定农业用地属于农民集体所有，由村集体经济组织或者村民委员会分配与管理，农民集体所有的土地采取家庭联产承包责任制的形式，由村集体经济组织将土地经营权按人均分配给本集体经济组织成员（农户），农民的土地承包经营权受法律保护。

从法律属性角度看，土地承包经营权是指农村土地承包人对其依法承包的土地享有占有、使用、收益和一定处分的权利。2007年《中华人民共和国物权法》中首次明确将土地承包经营权定性为"用益物权"。用益物权是物权的一种，是指非所有人对他人之物所享有的占有、使用、收益的排他性的权利，是从所有权中分离出来的相对独立的支配权。将承包经营权认定为用益物权具有两方面的作用：第一，肯定了农地承包经营权具有投资的特性；第二，强化了承包经营权的法律效力，将农户的承包经营权上升为一种依法获得的身份权利，为农户提供了更有根据性的保障，减少侵害农户合法权益的违法行为。

综上，根据《农村土地承包法》等相关法律规定，本书中的农村土地承包经营权是指，村集体经济组织内部成员取得的，对农民集体拥有的用于农业生产的耕地、山岭、草原、荒地、滩涂等进行占有、使用、收益以及一定处分的权利。通常土地承包经营权取得的方式有：一是"家庭承包方式"取得，即指集体内部农户依集体成员身份取得；二是以招标、拍卖、协商等其他方式取得"四荒地"的土地承包经营权。本书仅对第一种方式取得的土地承包经营权进行研究，"承包经营权"针对的是农村范围的土地，是"家庭承包制"的衍生物，包含两方面的权利：一是承包权；二是经营权以及一定的处分权。本书中提到的"承包经营权""土地承包经营权""农村土地承包经营权"是相同的概念，它们的内涵和外延是一致的，它们具有以下主要特征：①享有主体仅限定于某一农村集体的成员；②其客体仅限于农用土地；③承包经营权依据合同取得，合同约定其权利义务内容具有一定的期限限制；④不能完全自主流通。

## 二 农村土地流转

农村土地流转（农地流转）是指农村家庭承包的土地在保留承包权的前提下，通过合法的形式将经营权（使用权）转让给其他农户或其他经济组织的行为。农村土地流转是拥有土地承包经营权的农户保留承包权，转让使用权，其实质是土地经营权流转。因此，农村土地流转属于土地利用关系的流转，是指在土地所有权关系不变的前提下，土地利用关系在主体之间发生转变，本书中的土地流转、土地承包经营权流转是指原承包经营权所有者，在不改变农村土地用途和土地所有权权属性质的前提下，将土地承包经营权部分或全部权能转移给第三方从事农业生产经营活动。土地承包经营权流转包含两种情况：一是经营权转移到第三方；二是承包权和经营权全部转移，称为农户土地退出。土地经营权流转具有三个特征：第一，集体土地产权结构不会随承包经营权的流转而发生改变；第二，承包经营权所包含的部分权能的流转，不是简单的使用权流转；第三，农业用地承包经营权流转后不能改变土地的农业用途。本书中所说的"土地流转""土地承包经营权流转"概念的内涵和外延是一致的。

### 三 农村土地流转机制

"机制"一词原指机器的构造和工作原理，也指某种现象的内部组织和运行变化的规律。在经济学的研究中，机制表示一定经济机体内各构成要素之间相互联系和作用的关系及其规律。机制存在的关键点：一是机制存在的前提是事物各个部分的存在；二是为了保障事物协调运行及作用的发挥，机制按照某种运作方式把事物的各个部分有机联系起来。土地承包经营权流转机制是将土地流转过程中的各个主体有机联系起来，在土地流转过程中各个流转主体之间相互关系、相互作用的功能与模式，"流出方"和"转入方"的利益连接机制是土地承包经营权流转过程中最为重要的关系；土地流转中各主体之间的相互关系、相互作用的表现形式就是土地流转的组织模式。本书所称的"土地承包经营权流转机制"包含了承包经营权流转过程中，协调主体关系的流转模式规范机制、相关主体利益分配机制、政府扶持机制、社会保障机制等。促进土地承包经营权流转的健康发展，优化资源配置是构建土地流转机制的目的。

## 第二节 土地流转的主要理论依据

### 一 地租理论

关于地租理论，不同学派的经济学家对地租问题有自己的见解和观点。亚当·斯密较早系统研究了地租理论，他在《国富论》中提出，作为使用土地的代价，地租是为使用土地而支付给地主的价格，其来源是工人的无偿劳动。大卫·李嘉图运用劳动价值论研究了地租。他认为，地租是由劳动创造的，是为使用土地而付给土地所有者的产品，地租是由农业经营者从利润中扣除并付给土地所有者的部分。保罗·萨缪尔森认为，地租是为使用土地所付出的代价。地租量完全取决于土地需求者的竞争，因为土地供给数量是有限的。马克思认为，地租是土地使用者由于使用土地而上缴给土地所有者的超过平均利润以上的那部分剩余价值。

由于我国农村集体土地的所有权与使用权分离，在土地流转过程中，土地承包经营权的转移与取得是有偿的，农村土地作为有限自然资源，土地承包经营权是法律赋予特定群体的权利，将其使用经营权转移给他人使用时应该给予补偿，该补偿实质是凭借土地使用经营权的转移而向土地使用者索取的报酬。

## 二 制度变迁理论与产权理论

制度是一系列被制定出来的规则、程序以及道德、伦理的行为规范。经济学意义上的制度安排指的是支配经济单位之间可能合作与竞争方式的一种安排。制度安排的目的是提供一种能影响法律或产权变迁的机制，保障个人或团体可以合法竞争。

我国农地制度的变迁，是探索农民土地财产权利、土地所有制实现形式及土地逐步市场化的过程，也是赋予、保障并不断强大农户土地承包经营权、产权制度改革的过程。产权与资源配置相关联，是因资源稀缺需要界定二者之间的权利关系而产生的。科斯认为：只有明晰的产权才能消除或降低外在性对资源所带来的伤害。只有产权明确，引入市场机制时，才有可能实现市场公平以及自由交易。产权的自由交易是使资源得到不断优化配置的过程。明确的产权还界定了人们的行权边界、行为主体权责关系、需承担的成本等。产权界定合理明晰时，在市场机制中交易双方在交易过程中才有可能形成合理预期，提供激励的同时，也使人们积极地追求产权之利的最大化和成本最小化，才能保证经济的高效率运作。高效率产权的特征是：一是明确性，它应该包括财产所有者的各种权利及对限制和破坏这些权利的处罚的完整体系；二是专有性；三是可转让性，这些权利可以转让到有价值的用途上去；四是可操作性。

土地产权是指以土地所有权为核心的土地财产权利的总和，包括土地所有权及与所有权相联系的相对独立的各种权利，如对土地的占有权、使用权、经营权等。在我国农地市场上，土地产权界定模糊等因素严重制约着农村土地市场的发展。产权不明晰使各利益主体责权关系无法界定，不能保证各利益主体权利的实现。因此，在我国土地资源的配置之前，首先需要通过产权制度建设对土地产权进行严格界定，明确的土地产权有助于农民形成稳定预期，产生约束与激励效应，在市场交易中可以节约交易费用，有利于农户的决策动机和行为选择，进而提高农业生产效率。在土地流转中，农民不仅需要拥有土地承包经营权，而且也需要拥有法律明确规定的在承包期内的转让权。

### 三 规模经济理论

规模经济理论是指在特定的生产阶段内，如果扩大经营规模或扩大产品的产量时，产品的平均成本可以降低，从而利润水平提高，即可认为该生产过程存在规模经济。通常情况下企业兼并可以在内在和外在两个层次上取得规模效益，内在规模经济表现为：兼并补充和调整现有资产；其中横向兼并可实现产品单一化生产，可降低多种经营带来的附加成本；将各生产流程纳入同一企业的纵向兼并，可节省交易成本等。兼并的外在规模经济表现为：企业外在的整体实力增强，市场占有率得到巩固，能提供更全面的专业化生产服务。马克思在土地规模经营研究中指出：站在经济学角度，经营大规模的土地比经营小块和分散的土地优越得多。

## 第三节 行为理论与农户行为理论

### 一 行为理论

20世纪70年代，以丹尼尔·卡尼曼和维农·史密斯为首的心理学家才开始将行为分析理论与经济运行规律、心理学有机结合起来，通过改良的效用函数，构建了全新的个体选择模型，比较系统且实用的行为经济学因此形成。在行为经济学的个体选择模型中，修正了主流经济学的一些基本假设，即纠正了人的理性、自利、完全信息、效用最大化及偏好一致的不足。主流经济学模型构建的前提假设是理性经济人，认为经济人追求的目标就是经济效益最大化。但是现实生活中人们在从事各种经济活动时，不仅考虑个人期望，还要考虑预期值风险。土地流转行为也是土地供需双方当事人的一种选择行为过程，需要通过对自身条件、外在条件等因素的分析得出是否发生土地流转，以何种方式流转，转入还是转出等。因此，行为经济学也为农户土地流转机理分析提供了重要的理论依据。

## 二 农户行为理论

土地流转是农户的一种行为选择，遵循基本行为理论规律，但是由于农户在社会群体中的特殊性，其行为具有自身特有的决策规律。在农户行为理论研究中有代表性的学派，一是以西奥多·舒尔茨为代表的"理性小农"学派，二是以恰亚诺夫等为代表的"组织—生产学派"。

### （一）理性小农学派及组织—生产学派

理性小农学派认为，传统农民也有能力平衡当前消费和未来消费，但缺乏有利的投资机会、贫困等客观条件限制了其储蓄倾向，只要现代科学技术等要素能确保在价格水平上得到利润，农户也会和资本主义企业主一样"理性地"追求最大利润。因此，改造传统农业的方式应该在现存的组织和市场体系中确保现代生产要素在合理的价格水平上的供应，不应该去削弱农户的生产组织形式和自由市场体系，即可以引导而不是改变什么。

俄国的新民粹主义农民学家批判了"理性小农学派"将农民和资本主义企业主等同视之的理论，他们认为西方农场主理论并不适合"劳动农民的人民制度"，农民群体具有"非资本主义"性质，农户的经济行为只是为了生活，并非为了物质效益。其中，最有代表性的是 A. B. 恰亚诺夫的"组织—生产学说"，比较小农经济与资本主义经济后认为，小农决策行为不同于资本主义企业主的行为，其理由有三点：一是小农户生产的目的是自给自足，不是追求市场利润最大化；二是小农的经济发展不是雇用劳动力，是依靠自身的劳动力；三是农民的农产品是全年的劳动成果，不宜像现金收入一样按单位计算。恰亚诺夫认为小农家庭农场的运行机制的核心思想是：小农经济是高度自给自足的社会，家庭效用的最大化是农民的追求，而不是家庭收入、利润等市场经济中的概念。恰亚诺夫从社会学的角度论证了小农经济的合理性与稳定性，他认为，小农经济具有长期存在的合理性，当生产力尚未达到一定的水平时，以家庭农场为生产单位进行农业生产经营大农场经营更具有优越性，土地集中和大规模的农业生产需要一个较长的发展过程，并且指出可以通过农民家庭农场为主体的合作化的道路实现规模经营的大农场。苏联学者的农业发展理论对中国目前家庭联产承包制下的小农生产走向规模生产具有重要的参考及指导意义。

（二）中国农户行为理论

制度理性假说是中国农户行为理论的基础，中国农户行为理论剖析中国农户经济行为的多样性和复杂性时从制度方面入手。制度理性假说的代表人物郑风田认为，农民的理性行为具有异质性和阶段性，在自给自足的经济制度下，类似恰亚诺夫的农民行为理论；在市场制度下，农户的行为属于舒尔茨的小农理论；在从完全自给自足向市场化过渡的阶段，农民的行为具有双重性。农民的行为具有相对统一性，不论在哪一种经济中，生存温饱问题一直是农民理性行为中的核心问题。

林毅夫认为中国农户的行为是理性的，是理性追求效用最大化而不是物质利益最大化，是追求个人效用的满足或个人利他行为所带来的满足感，即理性的利己或利他行为，认为小农的行为是理性的，现代经济学的方法也适合研究农民问题。

综上，农地是农业生产不可或缺的资源，同时又是不可再生、不可移动的资源，所以，农村土地承包经营权是特殊的商品，影响农地使用权流转行为的因素，绝不仅仅是宏观的因素。土地要素禀赋、农民的家庭收入、农民的文化水平和年龄等因素对农民在农村土地承包经营权流转中的经济行为的影响都是不可低估的。农民的行为是理性的，对农民在农地使用权流转中的理性行为构成影响的，不仅有宏观的制度层面的原因，也有微观层面的原因。本书将基于以上理论，结合西部地区农业、农村与农户的实际发展情况，分析西部地区农地流转规律，提出西部地区农地流转制度发展与创新的目标模式，以及相应的发展思路和措施。

# 第三章　新中国农村土地制度变迁历程及土地权益流转

土地权属是指土地产权的归属，它包括土地所有权、土地使用权、土地抵押权、土地租赁权等权利。有关土地财产的一切权利的总和称为土地产权。土地产权包括一系列各具特色的权利，包括土地所有权及与其相联系的相对独立的各种权利，这些权利可以分散拥有，也可以聚合在一起。中国土地产权可分为：土地所有权、土地用益物权和土地他项权利三大类。土地抵押权、土地承租权、土地租赁权、土地继承权、地役权等多项权利均属于土地他项权利。新中国成立后，农村土地权益也经历了几次大的变迁。

## 第一节　新中国农村土地制度变迁的历程

中国农村土地产权的权属随着农村土地制度及政策的变化而变化，西周以前的农业社会是以土地公有产权为特征的，通过配受公田的方式农民可以取得耕种国家土地的权利，并履行缴纳税负的义务。到了秦朝，确立了土地私有与国家所有的双轨制，自耕农与佃农并存，租佃制是当时农业的基本经营方式。土地经营权和土地所有权相对分离的租佃制的基本经济体制延续到20世纪50年代初，中国农村社会的基本经济形态是大量自耕农和佃农加上少数地主富农的形态。新中国成立后的制度变革由农村土地制度开始。自新中国成立以来，农村的土地经历了个体农民私有向集体所有制转变的过程，在这一过程中，伴随着其他权益的变化。新中国成立后农村土地制度的变迁大致可归纳为四个阶段（见表3－1）。

表3－1　新中国成立后历次土地改革中土地产权流转的内容

| 项目 | 政策 | 土地产权流转的权益 | 土地产权流转的方向 | 方式 | 目标 |
| --- | --- | --- | --- | --- | --- |
| 第一次 | 耕者有其田 | 所有权 | 地主→佃农及自耕农 | 政府主导 | 消灭封建地主阶级的土地所有制 |
| 第二次 | 人民公社体制 | 所有权 | 农户→集体 | 政府主导 | 实现公有制，统一经营管理 |
| 第三次 | 家庭联产承包 | 承包权＋经营权 | 集体→农户 | 政府主导 | 调动生产者的积极性 |
| 第四次 | 新土改 | 经营使用权 | 农户→农户、企业 | 农户自主＋政府诱导 | 实现农业现代化、规模化 |

## 一　第一阶段：强制的土地改革（1949—1953年）

新中国成立前，即封建地主土地所有制时期，农民租种地主土地，土地所有权与使用权"两权分离"。1950年根据新中国成立后的新情况，颁布了《中华人民共和国土地改革法》，规定废除封建剥削的土地所有制，实行农民的土地所有制。同年开始，没收地主的土地，分给无地或少地的农民耕种，同时也分给地主应得的一份自己耕种，自食其力。第一次土改后，农民不仅获得了土地，第一次拥有了自己的土地产权，而且对拥有的土地"有权自由经营、买卖和出租"。第一次土地改革的结束，标志农民的土地所有制建立起来了，"耕者有其田"真正实现了，同时也标志着封建地主阶级的土地所有制在全国范围内被彻底消灭了。第一次土地改革解放了农村生产力，农民生产积极性得到充分调动，为新中国的工业化奠定了基础。

这一时期土地产权流转政策的特点有以下几点：一是利用行政化的命令方式，强行无偿地没收地主的土地，分给无地或少地的农民耕种，同时也分给地主应得的一份，建立了土地农民私有制，实现"耕者有其田"，极大地鼓励了农民对土地的投入，提高了粮食产量；二是农民对分配到的土地有自由经营、买卖和出租的权利；三是土地产权流转的方向是从地主流向佃农或自耕农，同时伴随着经营权、收益权在农民之间的流转。

第一次土地改革的成功，使农民阶级在政治上、经济上得以翻身，农民对土地的渴求满足了，农民生产的积极性得到充分激发，中国农村的生产力得到了第一次大解放，农业生产得到了发展，为国民经济的恢复创造了条件。

## 二　第二阶段：人民公社体制（1953—1978 年）

第一次土改取得短期的成功后，它的负面效应逐渐显现，在劳动力、财力缺乏的情况下，一家一户的个体小农生产方式很难抵御自然灾害的袭击，农业生产规模也难以扩大，同时也阻碍中国工业化的实现。因此，将农民的土地个体所有变为农民集体所有，对农业进行社会主义改造，建立社会主义的土地公有制，引导个体农民走集体化的道路，是党在这段时期的主要任务之一。

1954—1956 年开始了农业社会主义大改造，本次土地改造目的是确立社会主义性质的土地制度，收回土地所有权，建立社会主义经济关系。通过土地无偿入股、统一经营发展到农村土地集体所有渐进式的三阶段，将农民个人直接所有的土地过渡到农村土地集体所有。由于历史的种种原因，1957—1978 年进一步的土地改革开始，改革的目的是，在土地集体所有的基础上，构建了土地归人民公社、生产大队、农村生产小队的土地三级集体所有制。社员没有任何私有土地，社员在集体公有土地上统一生产和劳动，彻底消灭了土地私有制，大陆所有的土地都实现了公有化。

这一时期土地产权流转政策的特点有以下几点：一是利用行政化的命令方式，强行无偿收回个人的土地所有权归集体统一所有、统一经营，集体所有的土地制度消灭了土地私有；二是集体所有土地严禁出租和买卖；三是土地产权流转的方向是从农户流向集体。

农业社会主义改造完成后，确立了土地的集体所有制和集体经营方式，建立了无限的公有产权，将土地权利交到了政府及其官员的手中，暂时统一了土地的所有权和使用权，结束了二者的分离状态。但是无限的公有产权导致了外部性的相互施加和无法遏制的机会主义，造成了农业生产的徘徊不前，甚至下降，使得大陆的经济发展陷入"贫困陷阱"。

### 三 第三阶段：家庭联产承包责任制（1978—1983年）

人民公社体制这种制度安排导致土地产权的模糊不清，即土地既是集体的又是国家的，国家在某种程度上以产权主体资格参与分配，农民的利益不可避免地被侵占。同时，这种"一大二公"的单一产权制度必然导致劳动监督成本、组织成本过高和劳动激励过低的弊端。人民公社体制剥夺了农民的土地权利和财产权利，将其变成了一个单纯的劳动者，既没有了财产激励，也失去了财产约束，劳动激励无法真正建立，劳动监督也变成了单纯的外部约束，从而造成机会主义的泛滥和普遍的消极怠工，导致整个农业生产的衰落。

1978年11月24日晚上，安徽省凤阳县凤梨公社小岗村西头严立华家低矮残破的茅屋里挤满了18位农民，关系全村命运的一次秘密会议此刻正在这里召开。这次会议的直接成果是诞生了一份不到百字的包干保证书。其中最主要的内容有三条：一是分田到户；二是不再伸手向国家要钱要粮；三是如果干部坐牢，社员保证把他们的小孩养活到18岁。在会上，队长严俊昌特别强调："我们分田到户，瞒上不瞒下，不准向任何人透露。"1978年，这个举动是冒天下之大不韪，也是一个勇敢的甚至是伟大的壮举。1980年5月31日，邓小平在一次重要谈话中公开肯定了小岗村"大包干"的做法，邓小平对这一举动表示的支持传达了一个明确的信息：农村改革势在必行。

1983年全国农村开始普遍推行家庭联产承包责任制。家庭联产承包责任制是以集体经济组织为发包方，以家庭为承包主，以承包合同为纽带而组成的有机整体。这次土地改革，实现了土地所有权与使用权的分离，集体经济组织保留所有权，并将经营权按人均分包给农户自主经营，集体经济组织负责承包合同履行的监督、土地调整和分配等，形成有统有分、统分结合的双层经营体制及"集体地权+按人均分的土地使用权"的制度架构，这种模式既保证了农地集体所有权，又保证了农户的独立经营权。到1983年底，第三次土地制度改革基本完成，98%左右的农户实行了包干到户，家庭承包经营的耕地面积占总面积的97%左右，土地所有权与经营使用权顺利分离。由于承包期规定为30年不变，因此联产承包责任制在本质上仍然是一种租佃制度，可谓"新永佃制"。

随着家庭联产承包责任制的推行，以前高度集中的管理和经营方式的弊端得到了纠正，农民既是生产者又是经营者，不再是原来集体经济中单纯的劳动者，农民生产的主动性与积极性被大大调动起来，劳动和土地的潜力得到了充分的发挥。这一时期土地产权流转政策的特点有以下几点：一是市场需求与行政诱导相结合的方式，将集体所有、统一经营使用的土地制度变革为集体所有、家庭联产承包经营使用的土地制度，所有权和承包权分离；二是农民事实上成为生产经营权主体，农民在分配中是作为拥有部分产权的一方权利主体而存在的；三是土地产权中所有权仍保持集体所有，承包经营权由集体流向农户，农户对土地没有自由处置权。

家庭联产承包责任制是在土地公有制的基础上，把土地包给各家各户使用，农民对土地只有使用权，不具有所有权。但农民在土地上生产的东西，在保证上交国家和集体之后，剩下的都归自己。该政策调动了农民生产积极性，解放了农村生产力，推动了农业的发展。

### 四 第四阶段："新土改"（1983年至今）

1984年前后，家庭联产承包责任制对农业激励作用由潜能释放进入消散阶段，家庭承包责任制初期虽然调动了劳动者的生产积极性，但其造成土地细碎化，对农业发展的负面影响逐渐显现，限制了农业生产的进一步发展。20世纪80年代中期，平均每户所承包的土地只有8.35亩。到了90年代中期，中国农户平均拥有的耕地下降到6亩，有1/3的省、市人均耕地不足1亩，细小分散的农田结构，耕作经营十分不便，农民无法进行大规模的投入，给日常的经营管理造成很多麻烦，农业技术进步的成果无法体现出来，导致中国农业的规模经济效益根本无法显现。此外，农业丰收和吃饭问题的解决，促进了非农产业的发展和工业化的加速，出现了大规模的人口流动，但是农村的土地属于集体所有，农民对土地只有使用权，没有对土地的自由处置权，农村劳动力流向非农部门，导致很多地方土地由妇幼老弱耕种或农民兼业的现象严重，土地处于半充分利用状态，甚至出现了大片的田地被荒芜的现象。农地制度的又一次变革——土地流转应运而生。

1987年土地适度规模经营的试验在沿海发达省、市进行，标志着中国土地流转制度开始进入新的实验期，土地经营权的流转突破了家庭承包经营的限制。1998年修订的《土地管理法》，规定了土地使用权可依法转让（包括采用出让、转让和出租等形式），并对集体土地使用权转让规定了限制条件。

2003年《中华人民共和国农村土地承包法》正式颁布并实施，第一次从法律上界定了农民在承包期内拥有的权利包括：土地使用权、收益权和土地使用权的转让权，确定了农村家庭承包基本经营制度，农村土地承包经营权流转应当在坚持农户家庭承包经营制度和稳定农村土地承包关系的基础上，遵循平等协商、依法、自愿、有偿的原则。严格规定了转让使用权获得的收益或被征用土地的所有补偿费全部归农民自己所有。土地承包法赋予了农民长期而有保障的土地使用权，并对土地流转的形式、基本原则作了明确规定，为规范土地流程提供了法律准则，成为中国土地制度的重要创新。《农村土地承包法》对调整农地承包关系做出了进一步规范，但相关制度不完善，配套措施不健全。农地赋予农民以生存保障的福利机制，限制了土地流转；同时由于土地承包经营权属于契约规定的债权性质而不是法律赋予的物权，使农民集体和农户对农地实际上没有交易权、租让权、抵押权，导致一些农村集体土地流转严重"异化"，出现侵农害农事件。

为规范农村土地承包经营权流转行为，2005年《农村土地承包经营权流转管理办法》正式颁布并实施，管理办法中农村土地承包经营权流转行为进一步得到规范，土地流转双方当事人的合法权益得到了维护。管理办法明确规定：承包方依法取得的农村土地承包经营权可以依照法律规定的方式进行流转，农村土地承包经营权的流转不能改变承包土地的农业用途，流转期限不能超过承包期的剩余期限，土地流转中，不改变承包方与发包方的承包关系以及双方享有的权利和承担的义务。通过互换、转包、出租、转让等合法方式取得的土地承包经营权，可以依法采取符合法律和国家政策规定的方式流转。

与此同时，地方政府的土地流转制度变迁进程加快，农村土地使用权流转进入了市场化阶段。2008年9月30日胡锦涛考察小岗村，定调"新土改方向"，保持现有土地承包关系稳定不变；允许农民在土地承包经营权流转中采用多种流转形式。2008年通过了《中共中央关于推进农村改革发展若干重大问题的决定》，该决定中提到，"完善土地承包经营权权能，依法保障农民对承包土地的占有、使用、收益等权利。加强土地承包经营权流转管理和服务，建立健全土地承包经营权流转市场"。2008年12月5日农业部《关于做好当前农村土地承包经营权流转管理和服务工作的通知》，是新时期推进农村改革发展的纲领性文件。该通知把加强土地承包经营权流转管理和服务作为稳定和完善农村基本经营制度、健全严格规范的农村土地管理制度的重要内容，意义重大而深远。2013年发布的《中共中央国务院关于加快发展现代农业进一步增强农村发展活力的若干意见》，鼓励承包土地流转，5年基本完成农村土地确权颁证。其中包括构建新型农业经营体系，农业经营主体以家庭经营为基础，宅基地可在本集体经济组织内部流转，土地流转要尊重农民主体地位，确保被征地农民长远生计有保障，工商企业租赁农地将受严格监管。十八届三中全会明确要"赋予农民对承包地占有、使用、收益、流转及承包经营权抵押、担保权能"后，浙江（农用地、商住地、工业地）、安徽（农用地、商住地、工业地）、四川（农用地、商住地、工业地）和江苏（农用地、商住地、工业地）等地，纷纷开展了包括林权、土地承包经营权和宅基地使用权这"三权"在内的抵押贷款试点。2014年中央一号文件即《关于全面深化农村改革加快推进农业现代化的若干意见》提出深化农村土地制度改革，首次允许承包地所有权、承包权、经营权"三权分离"，加快推进征地制度改革等。

2014年10月，十八届四中全会审议通过了《关于引导农村土地经营权有序流转发展农业适度规模经营的意见》（以下简称《意见》）。《意见》的着眼点主要有：一是推进现代农业发展。在坚持土地集体所有的前提下，实现所有权、承包权、经营权三权分置，形成土地经营权流转的格局，大力培育和扶持多元化新型农业经营主体，发展农业适度规模经营，走出一条有中国特色的农业现代化道路。二是维护农民合法权益。建立健全土地承包经营权登记制度，依此保护农户的土地承包权益。坚持依法、自愿、有偿，尊重农民的流转主体地位，让农民成为土地流转和规模经营的积极参与者和真正受益者。三是坚持一切从国情和农村实际出发。土地流转和规模经营发展是一个渐进的历史过程，不能脱离实际、脱离国情，片面追求流转速度和超大规模。

综上可见，第四阶段的土地改革的任务是，不断完善政策法规，创新土地流转新模式，探索适合地区及中国特色的现代农业发展模式，创新农业经营体制机制。该过程具有长期性与渐进性，要保证农业适度规模经营发展与城镇化进程和农村劳动力转移相适应，农业科技进步和生产手段改进程度相适应，农业社会化服务水平不断提高，土地改革才能顺利进行，不走弯路。

## 第二节　农村土地流转模式及权益流转

十七届三中全会对农村土地流转的原则、形式、目的做出了明确规定。目前不少地方已进行了土地流转探索，在实践中，各地因地制宜探索出了多样的土地流转模式，综合起来看，可归纳为五大模式：互换、转包、出租、入股、转让，具体如下：

### 一　土地互换

互换土地，是同一集体经济组织内部的农户之间，为各自的需要和方便耕种等，对各自土地的承包经营权采取双方自愿的方式进行的简单交换。农民在农村实行土地家庭联产承包责任制时，分配的土地"肥瘦"、远近不同，且被分割为若干小块，同一户家庭的土地分散在好几个地方，每户分到的土地被碎化为少则2—3片，多则5—6片。这样的划分导致了农户的耕地、浇水、管理很不方便等种种弊病，严重制约着农业生产力的提高。在此背景下，土地集中连片，实现规模化、集约化经营成为农户的迫切愿望，此时出现了互换这种最为原始的交易方式。同一集体经济组织的承包方之间自愿将土地承包经营权进行互换，双方对互换土地原享有的承包权利和承担的义务也相应互换，当事人可以要求办理农村土地承包经营权证变更登记手续。土地互换的双方必须属于同一集体经济组织内部成员。《农村土地承包法》第四十条规定，属于同一集体经济组织的承包方可以互换土地承包经营权，不属于同一集体经济组织的承包方之间不能以互换方式流转土地经营权，否则其行为将被视为无效。宝鸡、商洛、安康等地的土地承包人之间为方便产业发展，将承包土地的经营权进行互换或合并，这些都是典型的土地互换模式，集体出面或农户自愿协商解决互换条件。单户或者一部分承包户主动或在集体组织协助下与本集体中的其他承包户自愿调整地块，使原来农户碎小的承包地连片集中，促进了土地的规模经营，有利于农户的耕种管理，提高农业的生产力。

农村土地承包户之间互换土地将七零八落的土地改造成一块块大条田，农民在土地互换中得到了实惠。但是土地互换中的争议现象较为常见，而且引发的纠纷不少。

第一，土地互换当事人双方应当签订书面合同，但现实中土地互换通常是口头约定，易发生争议。例如2006年5月，村民张某与邻居李某商定，为了各自耕种方便，将张某位于村南头的1.4亩土地与村北头李某1.4亩承包地进行互换耕种。2010年，因修建高铁需要征用村北头部分土地，应支付该块土地承包人征用补偿金35000元，李某以该块土地承包权原为自己所有为由，要求换回该块承包地并取得土地征用补偿金。关于互换当事人口头约定、未签订书面合同而产生纠纷的处理，按照习俗，互换双方仅以口头方式约定，且以相互交付互换物作为互换关系成立的标志的，如果双方当事人对当初的口头约定没有异议，且互换事实已实际发生，其口头约定应当被认定为合法有效。

第二，以土地互换未报备案为由，当事双方人中某方请求确认合同无效也时有发生纠纷。《农村土地承包法》规定，土地承包经营权采取互换方式流转的，应当报发包方备案，现实中农村土地承包人欠缺法律知识，对承包土地进行互换时往往未报发包方备案。根据《农村土地承包纠纷解释》，即使未报发包方同意，也不影响合同的效力。

第三，由于土地互换期限约定不明确而产生的纠纷也多有发生。在农村承包土地互换中，当土地互换未约定期限时，一方当事人要求解除互换合同就会发生纠纷。按照《农村土地承包法》规定，土地经过双方当事人同意后原土地承包经营权人已丧失了对原承包土地的经营权，取得了新换土地经营权，承包期内主张解除互换合同，一般不予支持。

## 二 土地转包

土地转包是指承包方按照一定条件和期限，将自己部分或全部的土地承包地使用权转让给同一集体经济组织的其他农户从事农业生产经营。土地转包后，原承包方继续履行原土地承包合同规定的权利和义务，原有土地承包关系不变。目前转包主要有两种形式，一是农户之间的小面积转包，一些农民因外出务工或从事第二、第三产业工作而无力经营农业生产，便将土地转包给本地或外地农民种植，这种转包年限一般较短，转包费也普遍较低。二是种植大户、合作社等为了实现规模经营，成片接包农民的承包地。签订转包合同有两种方式：第一种，直接签订转包合同。接包方直接与农民签订土地使用权转包合同，直接向农户兑现转包费，集体经济组织只对合同双方进行监督。第二种，转包合同由集体经济组织代签。在征得转包土地农户同意的前提下，集体经济组织统一与接包方签订转包合同。接包方将承包费交集体经济组织，集体经济组织再向转包农户兑现。土地转包的具体运转机制如图3-1所示。

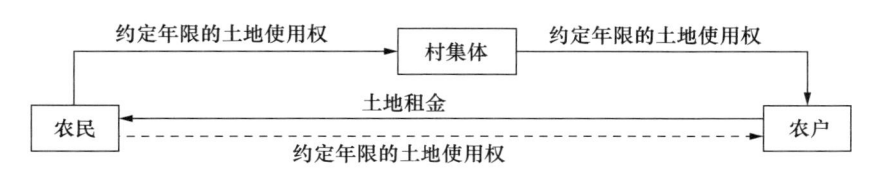

图3-1 土地转包的运转机制

土地流转中的转包模式在经济不发达地区应用得比较多，转包的优点是：可形成农村内部生产要素的优化配置，部分农村劳动力从农业生产中解放出来从事非农产业的生产劳动，土地不至于撂荒，而留在农村的劳动力也能得以充分利用；转包程序比较简单，易于操作；通常由农户之间协商即可。但转包模式有一定的局限性，一是范围比较局限，仅限于集体组织内部的流转和资源配置，无法在城乡间形成资金、技术等生产要素互动；二是土地转包自发无序而且不统一，无法实现规模效应；三是合同期限短，无法保障长期稳定收益，承包只能拥有土地的短期使用权，对于土地投资及使用规划不能从长计划；四是缺乏法制观念，转包模式通常是农户双方口头约定的转包费用及付费方式，或简单的合同约定，因此易产生矛盾纠纷。

### 三　土地出租

土地出租是在市场利益驱动和政府引导下，承包方将部分或全部土地承包经营权以一定期限租赁给个人、集体、企业或其他组织从事农业生产经营，由双方自行约定出租的期限和租金支付方式。土地出租后原土地承包关系不变。承租人按出租时约定的条件对出租人（承包方）负责。其中，有大户承租型、公司租赁型、反租倒包型等。

其中，土地反租倒包就是村集体租用无力经营或不愿经营的承包农户土地经营权，与农户签订租赁土地合同，集中分散的土地，再统一规划发包给专业户、合作社等投资者的一种流转方式。陕西省西安市高陵区、长安区，咸阳市三原县、泾阳县等地由农户和土地银行签订委托经营协议书，将土地经营权集中到土地银行，再由村集体（土地银行）发包给种养大户或专业合作社的方式就是典型的土地反租倒包。公司租赁模式由农户和村集体（土地银行）签订委托经营协议书，将农户的土地经营权集中到村集体（土地银行），村集体（土地银行）将其土地经营权租赁给农业企业，承租方一次性或分期付给租金。如陕西省延安市志丹县、宝塔区，榆林市横山区等多采用该种形式。近年来，土地银行在陕西省各地兴建，2014年陕西省镇村建立了近百家土地银行，土地银行由董事会、监事会、理事会组成，村民及镇政府对土地的流入流出及财务管理进行监督与监管。土地银行作为中介组织，负责集中分散的农户土地，以集体信用的形式为担保，在土地流转中负责与合作社或企业直接签订合同，农户、合作社和企业都不必担心合约期限内的违约风险。在土地银行的保障下，陕西省杨凌农业示范区4.2万亩土地顺利流转，很好地满足了示范区用地和发展的用地需求，同时农民家庭经营收入也得到了大幅度提高。土地出租模式中各方的关系如图3-2所示。

```
                约定年限的土地使用权          约定年限的土地使用权
         ┌──────────────────→ 村集体或土地银行 ──────────────────→
         │                      土地租金                              │
         │  ←─────────────────────────────────────────────────       ↓
        农民                                                    企业、种植大户
         ←────────────────── 约定年限的土地使用权 ──────────────────
```

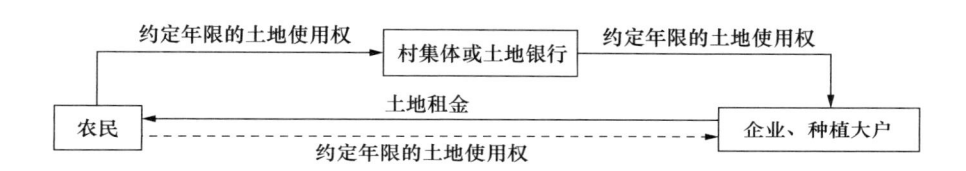

**图3-2　土地出租模式中各方的关系**

出租模式的优点：一是可在更大范围内形成生产要素的优化配置，承租人不再仅限于集体组织的农户。二是有利于土地的利用及集约化经营。但是该模式仍然存在缺乏法制观念、合同约定不太规范等缺陷，因此易产生矛盾纠纷。

**四　土地入股**

土地入股就是股份合作经营，也称为"股田制"，该模式又可分为两种形式。

第一，股份模式，是在承包户自愿的基础上，由集体经济组织、有经济实力的大户或工商企业发起，将承包土地经营权作价入股，建立股份公司的一种土地流转模式。农民将土地入股给公司后，公司统一经营农户的土地，农民凭借土地承包权可拥有公司股份，既可按股分红，又可在企业工作按劳取酬。农户由土地的承包权者，变成了股份持有者。产权清晰是该流转形式的最大优点。在股份的构成上，农民主要以土地经营权入股，用人机制上，实行农村土地经营的双向选择。

第二，"股份+合作"模式，是指在承包户自愿的基础上，由集体经济组织、有经济实力的大户或工商企业发起，将承包土地经营权

作价入股，建立股份合作社。在这种模式下，农户以土地经营权为股份与相关主体共同组建合作社。合作社按照民主原则对土地实行统一管理，靠龙头企业进行生产经营，采取按土地保底和按效益分红的方式，社员土地保底收益首先支付，然后提留合作社公积金、风险金，剩余部分按股进行二次分红。土地入股模式中各主体之间的关系如图 3-3 所示。

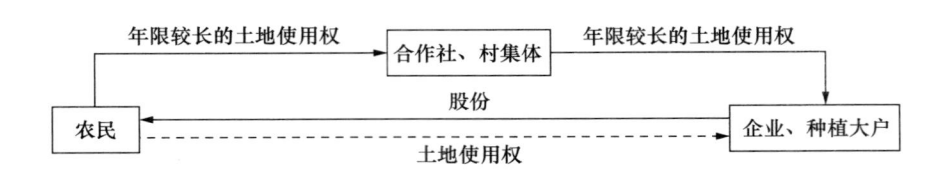

**图 3-3　土地入股模式中各主体之间的关系**

土地入股模式是各地正在积极探索的模式，突破了土地流转范围，实现了土地集中、连片、统一流转。产生了规模经济效应，形成了生产要素互动，保障长期稳定收益。土地入股模式的优点是能够延长土地收益链，促进农村生产要素合理流动和优化组合，提高农业生产的专业化、现代化水平。但是土地入股模式风险较大，需在有一定经济基础且形成了一定产业形态的农村地区才能较好地实行。

### 五　土地转让

土地转让是指承包人自找对象或由村集体经济组织协调，将土地承包经营权转让给第三方，第三方代替承包人向发包人履行合同的行为。转让的对象，不仅可以在农户之间进行，而且可以在各类承包者之间进行。土地转让变更了土地承包人。

土地信托服务是为促进土地顺利实现提供的一种服务，是土地信托服务组织按照市场化运作规程，接受土地承包者的委托，将其拥有的土地使用权在一定期限内依法、有偿转让给其他单位或个人的一种服务。信托组织主要开展的服务有：一是发布土地使用权供求登记和信息；二是在土地流转中提供中介协调和指导鉴证；三是负责土地流转后的服务跟踪和调解纠纷，维护土地所有者、承包者、经营者三方的合法权益。土地转让中各方关系如图 3-4 所示。

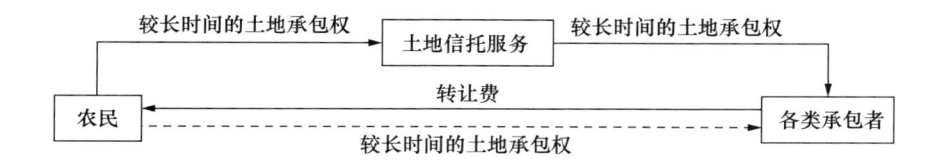

**图 3-4 土地转让模式中各方关系**

以上五种土地流转模式的共性及优缺点可归纳如表 3-2 所示。

表 3-2　　　　　　　　　土地流转模式对比

| 流转模式 | 流转类型 | 优点 | 缺点 | 共性 |
| --- | --- | --- | --- | --- |
| 互换 | 农户自主 | 形式简单，便于生产 | 难以实现规模化、集约化水平，易引发矛盾 | 1. 流转范围局限性导致无法在城乡间形成资金、技术等生产要素互动<br>2. 自发无序不统一，无法实现规模效应<br>3. 合同期限短，无法保障长期稳定收益<br>4. 缺乏法制观念，易产生矛盾纠纷 |
| 转包 | 农户自主 | 可形成农村内部生产要素的优化配置 | 转包范围局限性 | |
| 出租 | 农户自主 | 促进农村劳动力转移，增加农民非农业收入并享有固定的土地收益 | 契约稳定性较低；土地所有权和承包期限等受到限制 | |
| 转让 | 政府引导 | 有非农收入的农民放弃土地，促进土地流转集中 | 一次性收益；流转受转让方限制 | |
| 入股 | 业主经营 | 延长土地收益链，促进农村生产要素合理流动和优化组合；提高农业生产的专业化、现代化水平 | 风险较大，需有一定经济基础，形成一定产业形态的农村地区 | 1. 突破了土地流转范围，实现了土地集中、连片、统一流转<br>2. 产生了规模经济效应，形成了生产要素互动，保障长期稳定收益 |

对于土地五大流转模式按照不同角色在流转中的作用又可分为三类，即农户自主型、政府引导型、业主经营型。农户自主型是按农户的意愿由农户自行将承包经营权的部分或全部土地进行流转，其特点是因地制宜，流转方式灵活。土地流转的早期主要表现为农户自主型，多以口头协议为主，自发调剂，自主型流转双方利益缺乏法律保护，容易产生纠纷。政府引导型是在政府引导下，通过政策扶持、资金激励等途径实现土地流转，其特点是政策推动力很强，农户生活有保障，管理规范严格，共同经营，委托经营，管理成本较高，须加强监督管理。业主经营型是私营企业业主、种养大户或企业法人以转包、租赁、股份合作等方式流转土地，其特点是经营机制灵活，规模经营，集约经营，土地投入产出率高，但对农户和业主来说，均有一定的经营风险，因此对此类土地流转合同和协议的签订须进行规范监督。

# 第四章 土地流转的 SCCP 分析范式构建

SCCP（Situation – Characteristics – Contract design – Performance）分析范式，即从研究对象面临的形势、特征对研究对象进行全面、系统、准确把握与研究，根据研究结果制定相应的战略计划以及实施对策。具体到分析西部地区土地流转中，综合运用现代新制度经济学、产业组织、社会学等相关理论与方法，结合西部地区产业特性，从理论上分析影响农地流转方式与变迁的相关因素，进而研究在既定的土地集体所有及家庭承包制度不变的前提下，农户生产行为及土地流转办法与绩效。然后运用该分析范式分别对西部地区及台湾地区的土地流转的发展进行剖析，在此基础上揭示土地流转的组织创新及变迁的内在机理和一般规律。最后针对西部地区农业、农村、农户的实际情况，提出农地流转组织创新的模式选择、适宜的流转形式、微观制度安排、宏观制度构建以及政策思路及措施，推进西部地区土地流转的规模。

在 SCCP 分析范式中，S（Situation）、C（Characteristics）是影响研究对象行为中的外部因素及内部因素，契约设计 C（Contract design）是内外部因素之间有机结合起来所决定的研究对象"如何做"的具体方案设计，P（Performance）是具体的实施保障及机制。西部地区农村土地流转研究应该是四个环节之间的有机结合。

SCCP 分析范式从某种意义上来说隶属于研究对象内部分析方法，即根据区域自身的既定内在条件进行分析。农村土地流转是农户生产行为的综合体现，该区域土地流转的现状及趋势是由众多的农户行为决定，因此农户土地流转行为选择的理论基础主要是行为经济学中的相关理论。以丹尼尔·卡尼曼和维农·史密斯为首的心理学家开始将心理学与经济科学、行为分析理论与经济运行规律有机结合起来，形成了比较系统的行为经济学，对主流经济学关于人的理性、自利、效用最大化及偏好一致基本假设、完全信息等的不足进行了修正。传统经济学的基本假设前提是理性经济人，认为经济人追求的目标就是经济效益最大化，而人们在现实生活参与各种经济活动时，不仅考虑个人期望，还要考虑预期值风险。土地流转是农村土地供需双方经济行为的选择过程，也是通过对自身条件、外在条件等因素的分析，得出是否参与土地流转，以何种方式流转，转入还是转出等。因此，行为经济学也为农户土地流转机理分析提供了重要的理论依据。

SCCP 分析方法具有显著的结构化和系统性特征。从内容上，SCCP 分析法的主要理论基础强调从结构分析入手对区域的外部环境和内部资源进行分析，分析中涉及的内部优势及不足，外部条件及机会这些变化因素，将看似相互独立的因素匹配起来用系统的方法进行综合分析，使得制定的区域土地流转计划更加科学全面。该分析方法具有使用简单、分析问题直观的重要优点，借助专业化的分析和精确的数据支持工具，可以得出更具说服力的结论。

## 第一节　形势与特征分析（SC）

从整体上看，SCCP 分析方法可以分为两部分：第一部分为 SC 分析，主要是用来分析外部条件和内部特征；第二部分为 CP 分析，从众多的外部及内部因素中找出有利于土地流转的关键的、有待于进一步发扬的因素，以及对土地流转问题不利的、要克服或避开的影响因素，寻找到土地流转中存在的关键问题，探寻问题的解决办法，并明确以后的发展方向，制定土地流转战略计划及实施方案。

在 SC 分析中，根据农户土地流转行为的相关理论，结合运用各种调查研究方法，分析研究区域所处的各种环境因素，即外部环境因素和内部能力因素。外部环境因素包括土地流转的有利因素和不利因素，它们是外部环境对区域土地流转直接有影响的有利和不利因素，属于客观因素；内部能力因素包括优势因素和局限性因素，它们是区域土地流转发展中自身存在的积极和消极因素，属主动因素。在调查分析这些因素时，不仅要考虑到历史与现状，而且要考虑未来发展问题。优势因素，是区域内部因素，具体包括：有利的资源禀赋，如适宜的气候、温度、土地；交通的便利；优势的产业特征；技术力量；规模经济；等等。局限性因素，也是区域内部的内部因素，具体包括：土地的细碎化程度；缺少关键技术；劳动力的文化教育及意识形态落后；资金短缺等。机会，是区域的外部因素，具体包括：宏观、中观及微观的各种有利于土地流转的政策、法规的出台，以及各级政府的支持力度；得到政府以外的资金的支持力度；等等。方法的优点在于考虑问题全面，是一种系统思维，而且可以把对问题的"诊断"和"开处方"紧密结合在一起，条理清楚，便于检验。

## 第二节 流转模式设计与执行（CP）

对于一个区域来说，在做形势特征分析时，在每个环节上将区域中与土地流转相关的优势和劣势因素同其他地区进行对比分析，区域在某一方面或几个方面的优势就是该区域在土地流转中应该充分利用和发挥的关键因素，既是土地流转模式的选择及顺利进行的关键因素，也是在流转中能否多方受益的关键所在。

在完成环境因素分析后，可以设计相应的土地流转模式及制定相应的土地流转计划。设计土地流转模式及计划的基本思路是：充分发挥西部地区区域的优势因素，充分利用各种机会因素，尽可能消除区域内对土地流转的不利因素。运用 SCCP 分析范式，将各种环境因素相互匹配起来加以组合，在稳定农村家庭承包经营制度和农村土地承包经营关系的原则下，按照"依法、自愿、有偿"的原则，在坚持因地制宜多种形式并存的原则上，推进土地制度创新试点工作，创新土地流转制度，增强西部地区土地流动性和利用合理性。

# 第五章　西部地区土地流转的 SCCP 范式分析

## 第一节　西部地区形势分析

一个地区农地流转能否顺利进行与所在区域的软硬环境密切相关，主要包括农地的多寡、农地的类型、劳动力的状况、农业技术的应用现状以及所在区域的交通、文化、组织的发展情况。

### 一　土地资源状态及特征

（一）西部地区的土地资源

西部地区土地资源丰富。中国西部地区的人口总数约为3.8亿，占全国总人口的29%左右。该地区虽然地域相当辽阔，但是人口密度相对稀疏。这是由于西部地区的地形条件和气候条件比较差，其中土地资源中平原面积占42%，盆地面积不到10%，约有48%的土地资源是沙漠、戈壁、石山和海拔3000米以上的高寒地区，且年平均气温偏低，大部分省区市在10℃以下，有近一半地区年降水量在200毫米以下，使得西部地区的平均人口密度仅为每平方公里50人以下，远远低于全国每平方公里人数的平均水平。

西部不仅拥有广袤的土地，而且拥有较高的人均耕地面积和绝大部分草原面积。西部土地面积占全国的71.4%，其中农地面积44937.9万公顷，占全国农用地的36.9%，农业从业人员占全国农业从业人员的35.43%，现有人均农地面积约3.64公顷，略高于全国平均水平。但是农地后备资源总量大，其中有3933.3万公顷适宜开发为农用地，适宜开发为耕地的面积为 666.7 万公顷，占全国耕地后备资源的 57%。西部草地面积占全国的 62%，西南部生物资源非常丰富，特色农牧业和生物资源开发利用前景十分广阔。

表 5-1　　　　　　　　农用地地区分布情况

| 地区 | 农用地 面积（万公顷） | 占比（%） | 农业从业人员 数量（万人） | 占比（%） | 从业人员人均农地面积（公顷） |
|---|---|---|---|---|---|
| 全国 | 121775.9 | 100.0 | 34874 | 100 | 3.49 |
| 东部地区 | 26395.2 | 21.7 | 9522 | 27.30 | 2.77 |
| 中部地区 | 28991.6 | 23.8 | 10206 | 29.27 | 2.84 |
| 西部地区 | 44937.9 | 36.9 | 12355 | 35.43 | 3.64 |
| 东北地区 | 21451.2 | 17.6 | 2791 | 8.00 | 7.69 |

资料来源：根据国家统计局网站的农业发展公报整理。

西部虽然土地资源丰富，但是土地资源的质量与东部和中部地区有较大差异。总体上看，西部地区山地面积比例高，没有大规模种植粮食的优势。西南和西北在自然条件上也存在差异，西南地区有充足的雨水、多气候带和丰富的动植物资源；西北地区干旱少雨、光照充足；青藏高原具有独特的高原自然气候条件。因此，西部地区适合发展适应本地土地资源和自然条件的特色农业。下面以西北地区为例，西北地区属于干旱半干旱地区，人均水资源量大大低于全区平均水平，是严重缺水的地区，加之人类不合理的经济活动，使原有耕地、草地、林地退化情况严重。作为大江大河的上游，其生态环境问题不但影响着整个流域的发展，而且也影响西北区域经济的可持续发展。根据张爱婷（2009）对西北地区现有生态空间容量进行计算，结果见表 5-2。

表 5-2　　　　　西北地区人均资源现状及人均生态空间容量　　　单位：公顷

| | 耕地 | 园地林地 | 草地 | 建筑用地 | 水域 | 合计 | 物种多样性保护占用12%后的生态容量 |
|---|---|---|---|---|---|---|---|
| 陕西 | 0.3864 | 0.2926 | 0.0425 | 0.0616 | 0.0022 | 0.785 | 0.691 |
| 甘肃 | 0.5432 | 0.2046 | 0.249 | 0.112 | 0.0038 | 1.113 | 0.979 |
| 青海 | 0.3556 | 0.495 | 3.715 | 0.14 | 0.1164 | 4.822 | 4.243 |
| 宁夏 | 0.5964 | 0.055 | 0.207 | 0.0924 | 0.005 | 0.956 | 0.841 |
| 新疆 | 0.5544 | 0.3586 | 1.2835 | 0.1512 | 0.046 | 2.394 | 2.106 |
| 内蒙古 | 0.9632 | 0.924 | 1.4255 | 0.1764 | 0.0142 | 3.503 | 3.083 |
| 西北地区 | 0.574 | 0.4092 | 0.7535 | 0.1148 | 0.0178 | 1.869 | 1.645 |
| 均衡因子 | 2.8 | 1.1 | 0.5 | 2.8 | 0.2 | | |

资料来源：张爱婷、杜跃平等：《西部地区自然资源开发利用的生态空间占用分析》，《干旱区资源与环境》2007 年第 7 期。

进一步认识西北地区对自然资源的开发利用程度，估算人们在生产过程中对生态空间的占用，对西北地区未来产业结构的调整及整个流域经济的可持续发展有着举足轻重的作用。张爱婷（2007）在 William E. Rees 教授提出消费生态空间占用理论的思想上，从生产的角度计算西北地区生态空间占用，反映该地区对生态环境的开发占用情况，进一步分析生产的可持续性，计算结果如表 5-3 所示。

表 5-3　　　从生产角度计算的生态总占用和人均占用面积　　　单位：公顷

| 地区 | 耕地占用 | 林地占用 | 草地占用 | 建筑用地 | 能源用地 | 总占用 |
|---|---|---|---|---|---|---|
| 陕西 | 0.1221 | 0.0058 | 0.0005 | 0.0218 | 2.4035 | 3.0535 |
| 甘肃 | 0.1410 | 0.0008 | 0.0004 | 0.0398 | 1.1029 | 1.7203 |
| 青海 | 0.0856 | 0.0019 | 0.0008 | 0.0504 | 2.5957 | 3.2385 |
| 宁夏 | 0.1944 | 0.0000 | 0.0010 | 0.0328 | 2.8169 | 3.7353 |
| 新疆 | 0.3349 | 0.0128 | 0.0012 | 0.0540 | 6.7022 | 8.4760 |
| 内蒙古 | 0.2857 | 0.1110 | 0.0022 | 0.0626 | 2.2740 | 3.5998 |

续表

| 地区 | 耕地占用 | 林地占用 | 草地占用 | 建筑用地 | 能源用地 | 总占用 |
|---|---|---|---|---|---|---|
| 西北地区 | 0.1973 | 0.0266 | 0.0010 | 0.0413 | 2.8515 | 3.8343 |
| 均衡因子 | 2.8 | 1.1 | 0.5 | 2.8 | 1.1 | |

资料来源：本数据是张爱婷根据西北地区不同土地资源总产量和世界平均单产计算得出的。世界平均单产数据来自世界粮农组织网站，西北各省不同资源的总产量来自中国农业信息网和能源网。

根据西北地区生产生态空间占用与地区资源供给能力，计算生态空间盈余（赤字），作为西北地区可持续发展的指标，其计算公式为：

人均生态盈余 = 人均生态容量 - 人均生态占用

结合表5-2与表5-3数据，从整体看，西北地区生态空间开发占用情况，在目前世界平均单产下，西北地区人均生产占用生态空间为3.8343公顷，人均生态容量为1.645公顷，生态空间盈余为-2.1893公顷，即发生了生态赤字。这一结果大致可以反映西北地区的自然资产利用状况，说明西北地区目前的人均生产生态空间占用超出了实际可利用的生物承载能力，若继续保持这种过度开发状态，长期下去将导致土地质量退化、资源枯竭，可持续发展潜力降低；西北地区出现生态赤字，主要是由于能源生产占用生态空间过大引起的，其他类型土地不同程度有盈余，其中西北地区生态空间盈余较多的是草地，说明西北地区未来在草原利用上有很大的发展潜力。

从各省情况看，青海生态空间盈余最多，人均生态盈余1.0045公顷，说明青藏高原目前的人均生态空间占用还在实际可利用的生物承载能力之内，保持着区域资源利用的可持续发展。从各省份类型土地看，各省的耕地、林地、草地的生态空间均有盈余，说明西北各省区在农业方面还有很好的发展空间，特别是青海、内蒙古和新疆草地盈余较多，说明对草地还未充分开发利用。

（二）农地资源及其分布情况

农地是用于农业生产的土地，作为土地利用分类中的一级分类，农地包括耕地、园地、林地、牧草地、其他农用地，中国西部地区不同类型的农用地分布情况如表5-4所示。

表5-4 西部地区农用地构成情况　　　　　单位：万公顷

| 地区 | 农用地合计 | 耕地 | 园地 | 林地 | 牧草地 | 其他农用地 |
| --- | --- | --- | --- | --- | --- | --- |
| 内蒙古 | 9527.2 | 715.0 | 7.3 | 2183.4 | 6565.7 | 55.8 |
| 广西 | 1786.9 | 421.5 | 53.9 | 1150.5 | 71.6 | 89.5 |
| 重庆 | 692.0 | 188.4 | 24.0 | 378.3 | 23.7 | 77.6 |
| 四川 | 4239.8 | 637.1 | 64.1 | 1925.1 | 1375.6 | 238.0 |
| 贵州 | 1525.2 | 448.8 | 12.1 | 556.9 | 159.8 | 347.6 |
| 云南 | 3175.1 | 619.0 | 78.2 | 2205.7 | 78.5 | 193.7 |
| 西藏 | 7762.0 | 36.1 | 0.2 | 126.8 | 7587.2 | 11.7 |
| 陕西 | 1849.3 | 406.0 | 70.4 | 1035.2 | 307.2 | 30.5 |
| 甘肃 | 2544.9 | 465.9 | 20.4 | 518.3 | 1411.0 | 129.3 |
| 青海 | 4369.3 | 55.5 | 0.8 | 257.1 | 4040.2 | 15.6 |
| 宁夏 | 417.8 | 110.7 | 3.4 | 60.7 | 226.8 | 16.2 |
| 新疆 | 6304.7 | 403.9 | 29.6 | 668.9 | 5134.1 | 68.2 |
| 西部合计 | 44194.2 | 4507.9 | 364.4 | 11066.8 | 26981.4 | 1273.7 |
| 所占比例（%） | 100.00 | 10.20 | 0.82 | 25.04 | 61.05 | 2.88 |

资料来源：中华人民共和国国土资源部与《中国统计年鉴》。

从表5-4中可以看出，我国西部地区的农用地中，以牧草地和林地为主，两者占西部农用地的86.09%。其中，牧草地26981.4万公顷，占西部农用地总面积的61.05%，居首位；林地11066.8万公顷，占25.04%，居第二位；耕地4507.9万公顷，占10.2%，居第三位；其他农用地1273.7万公顷，占2.88%；园地364.4万公顷，占0.82%。从图5-1中可以直观地看出不同类型的土地在西部各省的分布情况。

从耕地分布看，西部地区耕地主要分布在内蒙古、四川和云南，分别为715.0万公顷、637.1万公顷和619.0万公顷，这三省区的耕地占西部地区耕地总面积的43.72%；之后依次为甘肃、贵州、广西、陕西和新疆，其耕地面积均高于西部12省（市、区）平均水平。重庆、宁夏、青海和西藏的耕地面积相对较小，远低于西部的平均水平。

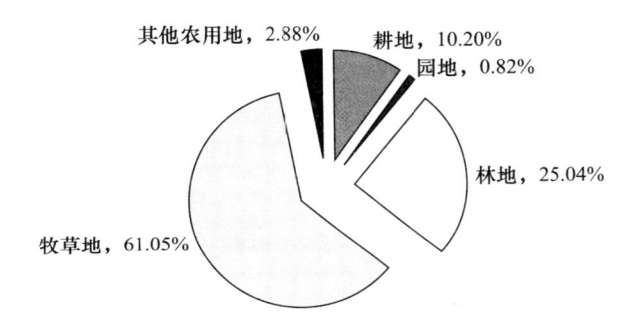

图5-1 西部地区农用地构成

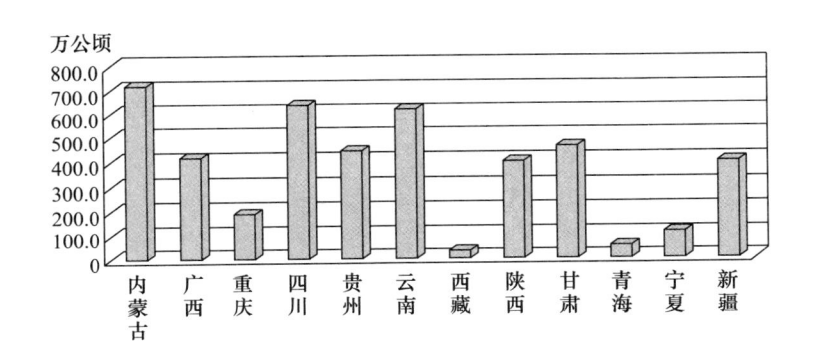

图5-2 西部各地区耕地面积

从园地分布看，我国西部地区园地共有约364.4万公顷。其中，云南、陕西、四川和广西四省区的园地面积相对较大，分别为78.2万公顷、70.4万公顷、64.1万公顷和53.9万公顷，占西部地区园地面积的73.15%。新疆、重庆、甘肃和贵州的园地面积在12万—30万公顷，而内蒙古、宁夏、青海和西藏的园地面积相对较小，分别为

7.3万公顷、3.4万公顷、0.8万公顷以及0.2万公顷。

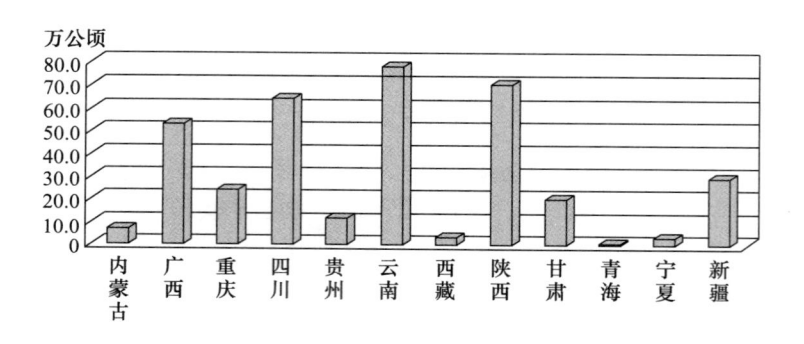

图 5-3　西部各地区园林面积

从林地分布看，西部地区林地面积较大，共11066.8万公顷，其中，林地面积较大的省份为：云南、内蒙古、四川、陕西和广西，分别为2205.7万公顷、2183.4万公顷、1925.1万公顷、1035.2万公顷和1150.5万公顷。

广西森林覆盖率最高，达52.71%，之后依次为云南、陕西、重庆和四川，覆盖率分别为47.50%、37.26%、34.85%和34.31%。

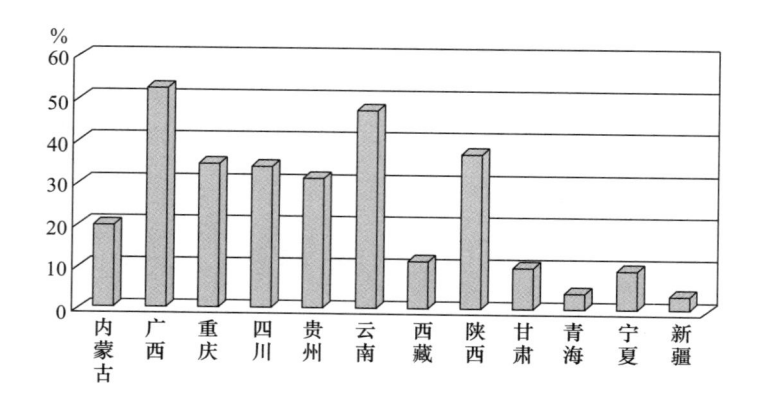

图 5-4　西部各地区森林覆盖率

从牧草地分布看，西部地区拥有26981.4万公顷牧草地，是我国最大的天然牧草分布区，占西部农用地总面积的61.05%。主要分布在西藏、内蒙古、新疆和青海，分别为7587.2万公顷、6565.7万公顷、5134.1万公顷和4040.2万公顷，上述4省（区）牧草地占西部地区牧草地总面积的86.45%；重庆的牧草地面积最小，为23.7万公顷。

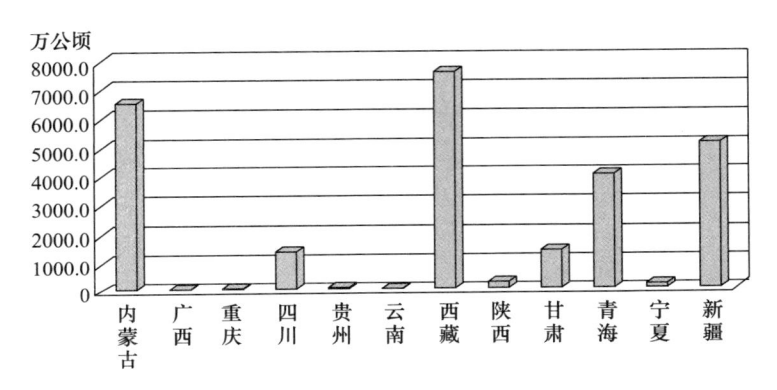

图 5-5　西部各地区牧草地面积

以牧草地占其土地面积比例计，内蒙古、四川、西藏、甘肃、青海、宁夏和新疆7省（区）均大于全国平均水平，其中西藏、内蒙古、新疆和青海4省（区）均大于西部平均水平，且西藏、内蒙古、青海等省（区）牧草地均超过其本省土地总面积的50%。

从其他农用地看，西部拥有其他农用地1273.7万公顷，其中，贵州、四川和云南其他农用地面积分别占西部地区其他农用地总面积的27.29%、18.69%、15.21%，居前三位，之后依次为甘肃、广西、重庆、新疆、内蒙古和陕西，居后三位的依次是宁夏、青海和西藏，分别占1.27%、1.22%和0.92%。

## 二　农村劳动力资源状况及特征

农村农地流转的规模与农村劳动力的多寡以及劳动力结构和素质状况密切相关。2014年东中西农村劳动力资源总量及分布特征如表5-5所示。

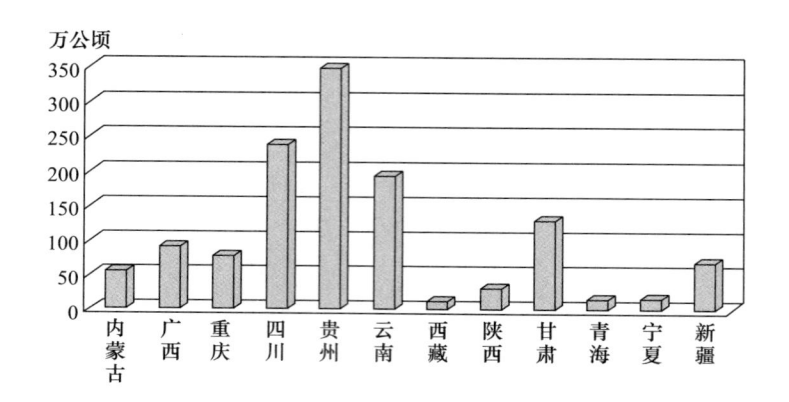

图 5-6　西部各地区其他农用地面积

表 5-5　　　　　　　农村劳动力资源总量及构成

| | 全国 | 东部地区 | 中部地区 | 西部地区 | 东北地区 |
|---|---|---|---|---|---|
| 农村劳动力资源总量（万人） | 53100 | 19828 | 14582 | 15142 | 3548 |
| 农村劳动力区域分布（%） | 100.0 | 37.3 | 27.5 | 28.5 | 6.7 |
| 农村劳动力性别构成（%） | | | | | |
| 男性 | 50.8 | 50.9 | 50.4 | 50.9 | 52.0 |
| 女性 | 49.2 | 49.1 | 49.6 | 49.1 | 48.0 |
| 农村劳动力年龄构成（%） | | | | | |
| 20 岁及以下 | 13.1 | 13.2 | 13.8 | 12.8 | 11.1 |
| 21—30 岁 | 17.3 | 18.8 | 15.4 | 16.9 | 18.4 |
| 31—40 岁 | 23.9 | 23.4 | 23.7 | 24.5 | 24.6 |
| 41—50 岁 | 20.7 | 21.4 | 20.9 | 19.1 | 23.5 |
| 51 岁及以上 | 25.0 | 23.2 | 26.2 | 26.7 | 22.4 |
| 农村劳动力文化程度构成（%） | | | | | |
| 文盲 | 6.8 | 4.6 | 6.7 | 10.7 | 2.6 |
| 小学 | 32.7 | 28.3 | 29.8 | 41.0 | 33.2 |
| 初中 | 49.5 | 53.9 | 52.0 | 39.7 | 56.7 |
| 高中 | 9.8 | 11.8 | 10.4 | 7.5 | 6.4 |
| 大专及以上 | 1.2 | 1.4 | 1.1 | 1.1 | 1.1 |

资料来源：根据国家统计局网站的农业发展公报整理得到。

全国农村劳动力资源总量为53100万人。其中，东部地区劳动力资源多于其他地区，占全国的37.3%，西部地区农村劳动力资源约占全国的28.5%，远远低于东部地区。西部地区农村劳动力资源的男女性别构成均接近于50%，男性劳动力略高于女性，与其他地区无显著差异。西部地区农村劳动力资源年龄特征，年龄在31—40岁以及51岁及以上劳动力资源占比较多，比例分别为24.5%及26.7%，共计51.2%，接近于全国占比水平。在受教育程度方面，西部地区农村劳动力资源受教育水平较低，受教育水平在小学及以下的占比为51.7%，远高于全国平均水平和其他区域。

由于农村劳动力存在剩余，农村劳动力向非农部门流动，各区域实际农业从业人员的数量及构成和区域农村劳动力资源总量有一定的区别，具体统计及分布特征如表5-6所示。

表5-6　　　　农业从业人员数量及构成

|  | 全国 | 东部地区 | 中部地区 | 西部地区 | 东北地区 |
| --- | --- | --- | --- | --- | --- |
| 农业从业人员数量（万人） | 34874 | 9522 | 10206 | 12355 | 2791 |
| 农业从业人员区域分布（%） | 100.0 | 27.3 | 29.3 | 35.4 | 8.0 |
| 农业从业人员性别构成（%） |  |  |  |  |  |
| 男性 | 46.8 | 44.9 | 45.7 | 48.6 | 49.7 |
| 女性 | 53.2 | 55.1 | 54.3 | 51.4 | 50.3 |
| 农业从业人员年龄构成（%） |  |  |  |  |  |
| 20岁及以下 | 5.3 | 4.2 | 4.9 | 6.4 | 6.4 |
| 21—30岁 | 14.9 | 13.5 | 13.8 | 16.5 | 17.2 |
| 31—40岁 | 24.2 | 22.0 | 24.5 | 25.3 | 25.4 |
| 41—50岁 | 23.1 | 25.0 | 23.5 | 20.6 | 25.3 |
| 51岁及以上 | 32.5 | 35.3 | 33.3 | 31.2 | 25.7 |
| 农业从业人员文化程度构成（%） |  |  |  |  |  |
| 文盲 | 9.5 | 7.7 | 8.9 | 12.8 | 2.9 |
| 小学 | 41.1 | 38.5 | 37.0 | 47.0 | 39.0 |
| 初中 | 45.1 | 48.8 | 49.2 | 36.7 | 54.6 |
| 高中 | 4.1 | 4.8 | 4.7 | 3.3 | 3.2 |
| 大专及以上 | 0.2 | 0.2 | 0.2 | 0.2 | 0.3 |

资料来源：根据国家统计局网站的农业发展公报整理得到。

从表5-6可知，由于农村剩余劳动力向非农部门的流动，农业实际从业人员少于农村劳动力资源总量。农业普查资料显示，全国农业从业人员34874万人，比农村劳动力资源总量少18226万人，西部农业从业人员比农村劳动力资源总量少2787万人。农业从业人员性别比例与劳动力资源总量中性别比例相比也发生了变化，无论是全国还是各个区域，男性劳动力占比均出现了下降，说明农村劳动力资源中，男性劳动力流向非农部门的较多，西部地区农业从业人员中男性占比由原来的50.9%下降到48.6%。在农村从业人员年龄分布方面，从全国来看，30岁以下的劳动力显著减少，51岁以上的占比增加，西部地区向非农部门流动的主要是20岁及以下的劳动力，其资源总量占比减少6.4%，下降到6.4%。从受教育程度角度看，受教育程度较高的劳动力流向非农部门，农业从业人员中，受教育程度较低的劳动力占比明显增加。西部地区从业人员中文盲占12.8%，小学占47.0%，高于全国的平均水平，也远远高于其他地区。

在农业技术人员分布上，从农业普查数据来看，西部地区农业技术人员总计77万人，占全国农业技术人员的37%，高于其他地区农业技术人员比例。按职称分，高、中、初级农业技术人员也多于其他地区，说明西部地区在农业生产方面拥有较为雄厚的技术实力。

表5-7    农业技术人员数    单位：万人

|  | 全国 | 东部地区 | 中部地区 | 西部地区 | 东北地区 |
| --- | --- | --- | --- | --- | --- |
| 合计 | 207 | 70 | 39 | 77 | 21 |
| 初级 | 149 | 53 | 25 | 58 | 13 |
| 中级 | 46 | 14 | 11 | 15 | 6 |
| 高级 | 12 | 3 | 3 | 4 | 2 |

资料来源：根据国家统计局网站的农业发展公报整理得到。

非农村住户类农业生产经营单位的分布：从地区分布来看，东部地区较多，占全国总数的 48.60%，西部地区较少，只占 18.32%。各地区公有制单位（即国有加集体）均占主导地位，但个体、私营、联营、外商、港澳台的单位，东部地区的比重明显高于中西部地区的比重（见表 5-8）。

表 5-8  东中西部地区非农村住户类农业生产经营单位经济类型结构

| | 东部地区 | | 中部地区 | | 西部地区 | |
|---|---|---|---|---|---|---|
| | 数量（个） | 比重（%） | 数量（个） | 比重（%） | 数量（个） | 比重（%） |
| 合计 | 173183 | 100.00 | 117869 | 100.00 | 365299 | 100.00 |
| 国有 | 11543 | 6.67 | 16475 | 13.98 | 8760 | 13.42 |
| 集体 | 84247 | 48.65 | 86318 | 73.23 | 42046 | 64.39 |
| 私营 | 3786 | 2.19 | 1151 | 0.98 | 1032 | 1.58 |
| 个体 | 48161 | 27.81 | 10769 | 9.14 | | 14.99 |
| 联营 | 24304 | 14.03 | 3055 | 2.59 | 3629 | 5.56 |
| 外商 | 338 | 0.20 | 44 | 0.04 | 18 | 0.03 |
| 港澳台 | 804 | 0.46 | 57 | 0.05 | 23 | 0.04 |

资料来源：根据国家统计局网站的农业发展公报整理得到。

农业技术应用状况及特征：西部地区农业技术应用程度偏低。从农业机耕面积占耕地面积的比重来看，全国为 59.9%，西部地区仅为 39.3%，低于全国水平，远远低于东部地区；比 1996 年提高了 17.8 个百分点。全国机电灌溉面积占耕地面积的比重为 26.6%，西部地区该比重仅为 13.1%，喷灌面积也远远低于全国水平。从农业机播面积占播种面积的比重来看，全国机播面积占播种面积的比重为 32.6%，西部地区该比重仅为 23.3%，也低于其他地区；西部地区机收面积占播种面积的比重为 10.4%，远远低于全国机收面积占播种面积的比重 24.9%。因此，西部地区虽然拥有较强的农业技术实力，但是农业技术应用程度偏低。

表 5-9　　　　　　　　　　农业机械使用情况　　　　　　　　　单位:%

| | 全国 | 东部地区 | 中部地区 | 西部地区 | 东北地区 |
|---|---|---|---|---|---|
| 机耕面积占耕地面积的比重 | 59.9 | 73.8 | 60.2 | 39.3 | 77.5 |
| 机电灌溉面积占耕地面积的比重 | 26.6 | 54.9 | 32.0 | 13.1 | 12.7 |
| 喷灌面积占耕地面积的比重 | 1.8 | 2.8 | 2.9 | 0.7 | 1.0 |
| 滴灌渗灌面积占耕地面积的比重 | 0.8 | 0.2 | 0.3 | 2.0 | 0.1 |
| 机播面积占播种面积的比重 | 32.6 | 36.1 | 26.2 | 23.3 | 59.1 |
| 机收面积占播种面积的比重 | 24.9 | 34.9 | 30.5 | 10.4 | 26.3 |

资料来源:根据国家统计局网站的农业发展公报整理得到。

## 三　农村交通、电力及通信发展状况及特征

### (一)农村交通发展状况及特征

农村土地流转的规模及流转速度与土地所在乡村的基础设施密切相关。根据第二次农业普查数据可知,在交通设施方面,西部地区有火车站、码头、有二级以上公路通过及距一级公路或高速公路出入口在 50 公里之内的乡镇比例和其他地区相比较均最低,特别是有二级以上公路通过的乡镇占比只有 29.9%,距一级公路或高速公路出入口在 50 公里之内的乡镇占 44.4%,远远低于其他地区,占比只有东部地区的约 1/2。村内设有车站码头以及村到车站、码头的距离在 3 公里以内的全国占比为 70.2%,东部地区为 81.1%,西部地区占比只有 54.7%。因此,西部地区交通便利程度和其他地区相比较是最差的。

进村道路中水泥及柏油路面占比低,村内道路以及照明条件较差。由表 5-11 中的数据可知,西部地区进村道路以沙石路面为主,水泥和柏油路面的村庄只有 30.5%,只有全国水平的一半,远远低于东部 84.6% 的覆盖水平。西部地区村内主要道路以沙石路面及其他路面为主,占比约为 84%,远远高于全国平均水平和其他地区。从村内主干道照明情况看,西部地区村内主要道路有路灯的村庄占比仅为 4.0%,低于全国平均水平(21.8%),约为东部地区的 1/10。

表 5 – 10　　　　　有交通设施的乡镇比重　　　　　　单位：%

|  | 全国 | 东部地区 | 中部地区 | 西部地区 | 东北地区 |
| --- | --- | --- | --- | --- | --- |
| 有火车站的乡镇 | 9.6 | 8.1 | 10.2 | 8.2 | 21.1 |
| 有码头的乡镇 | 8.9 | 13.8 | 9.4 | 6.8 | 3.0 |
| 有二级以上公路通过的乡镇 | 46.1 | 65.9 | 52.0 | 29.9 | 53.6 |
| 距一级公路或高速公路出入口在50公里之内的乡镇 | 61.3 | 82.0 | 69.1 | 44.4 | 63.2 |
| 能在一小时内到达县政府的乡镇 | 78.1 | 91.7 | 85.1 | 64.5 | 87.1 |
| 按村到最近的车站、码头的距离分 |  |  |  |  |  |
| 　村内有车站、码头 | 25.0 | 29.0 | 21.9 | 19.9 | 45.5 |
| 　1—3公里 | 45.2 | 52.1 | 48.4 | 34.8 | 36.9 |
| 　4—5公里 | 11.5 | 9.1 | 13.4 | 13.4 | 6.9 |
| 　6—10公里 | 10.3 | 6.7 | 10.7 | 15.1 | 6.9 |
| 　11—20公里 | 5.2 | 2.5 | 4.3 | 9.5 | 2.8 |
| 　20公里以上 | 2.8 | 0.6 | 1.3 | 7.3 | 1.0 |

资料来源：根据国家统计局网站的农业发展公报整理得到。

表 5 – 11　　　　具有不同类型交通道路的村比重　　　　单位：%

|  | 全国 | 东部地区 | 中部地区 | 西部地区 | 东北地区 |
| --- | --- | --- | --- | --- | --- |
| 按进村公路路面类型分 |  |  |  |  |  |
| 　水泥路面 | 35.2 | 51.8 | 37.1 | 14.1 | 25.1 |
| 　柏油路面 | 26.3 | 32.8 | 26.7 | 16.4 | 34.9 |
| 　沙石路面 | 25.7 | 10.8 | 26.3 | 42.7 | 32.7 |
| 　砖、石板路面 | 1.1 | 1.2 | 1.1 | 0.6 | 2.4 |
| 　其他路面 | 11.7 | 3.4 | 8.8 | 26.2 | 4.9 |
| 按村内主要道路路面类型分 |  |  |  |  |  |
| 　水泥路面 | 27.7 | 44.0 | 26.4 | 10.6 | 15.6 |
| 　柏油路面 | 11.1 | 16.5 | 11.0 | 4.3 | 13.0 |
| 　沙石路面 | 35.7 | 24.1 | 38.9 | 43.5 | 57.0 |
| 　砖、石板路面 | 2.7 | 3.9 | 2.7 | 1.1 | 2.6 |
| 　其他路面 | 22.8 | 11.5 | 21.0 | 40.5 | 11.8 |
| 村内主要道路有路灯的村 | 21.8 | 44.5 | 13.0 | 4.0 | 10.9 |

资料来源：根据国家统计局网站的农业发展公报整理得到。

西部地区交通干道覆盖乡村较少，导致村庄到商业区的交通便利程度较差，农产品的流通成本较高。以沙石路面及其他路面为主的进村道路及村内主干道类型，导致遇到阴雨天气道路泥泞，给农作物的运输带来极大的不便，再加上照明条件较差，导致西部大部分农村在较差的天气环境中，出现"天黑黑路遥遥"景象，给农作物的生产运输带来不便。

（二）农村电力、通信发展状况及特征

西部地区电力设施覆盖村庄接近全国平均水平。从全国平均水平来看，81.9%的乡镇已经完成农村电网改造，98.7%的村通电，98.3%的自然村通电；97.6%的村和93.7%的自然村通电话；81.1%的乡镇有邮电所。

表 5-12　　　　有电力、通信设施的乡镇或村比重　　　　单位：%

| | 全国 | 东部地区 | 中部地区 | 西部地区 | 东北地区 |
| --- | --- | --- | --- | --- | --- |
| 已经完成农村电网改造的乡镇 | 81.9 | 96.8 | 87.7 | 67.2 | 97.6 |
| 有邮电所的乡镇 | 81.1 | 86.2 | 89.2 | 71.6 | 90.7 |
| 通电的村 | 98.7 | 99.8 | 99.8 | 96.0 | 99.9 |
| 通电话的村 | 97.6 | 99.6 | 98.6 | 93.8 | 99.6 |
| 通电的自然村 | 98.3 | 99.6 | 99.4 | 96.1 | 99.9 |
| 通电话的自然村 | 93.7 | 97.0 | 95.2 | 89.6 | 98.9 |

四　农村文化发展状况及特征

在基本文化设施方面，西部地区基本的文化设施接近全国平均水平，处于良好状态。根据调查数据，目前中国农村有广播、电视站的乡镇比较普及，全国约72%的乡镇设有广播、电视站，97.6%的村庄能接收到电视节目，西部地区这两方面接近于全国水平。中国农村基本教育及文化设施现状比较落后，30.2%的村有幼儿园、托儿所，10.7%的村有体育健身场所，13.4%的村有图书室、文化站，15.1%的村有农民业余文化组织，10.8%的乡镇有职业技术学校，西部地区略低于全国平均水平，远远落后于东部地区。

表 5–13　　　　　有文化教育设施的乡镇或村比重　　　　单位：%

| | 全国 | 东部地区 | 中部地区 | 西部地区 | 东北地区 |
|---|---|---|---|---|---|
| 有职业技术学校的乡镇 | 10.8 | 14.3 | 12.3 | 7.8 | 11.7 |
| 有公园的乡镇 | 11.7 | 23.3 | 9.9 | 6.6 | 8.9 |
| 有广播、电视站的乡镇 | 71.3 | 72.6 | 75.6 | 67.4 | 74.7 |
| 能接收到电视节目的村 | 97.6 | 99.2 | 98.0 | 94.9 | 99.7 |
| 安装了有线电视的村 | 57.4 | 73.6 | 48.2 | 43.4 | 74.5 |
| 有幼儿园、托儿所的村 | 30.2 | 35.1 | 31.1 | 22.0 | 37.3 |
| 有体育健身场所的村 | 10.8 | 19.0 | 6.7 | 4.8 | 7.6 |
| 有图书室、文化站的村 | 13.4 | 18.1 | 9.7 | 10.9 | 16.4 |
| 有农民业余文化组织的村 | 15.1 | 19.4 | 12.8 | 12.0 | 15.4 |
| 能接收到电视节目的自然村 | 95.3 | 97.2 | 96.0 | 92.9 | 99.3 |
| 安装了有线电视的自然村 | 44.3 | 70.6 | 34.3 | 35.5 | 57.3 |

资料来源：根据国家统计局网站的农业发展公报整理得到。

### 五　农村组织机构发展及现状

农村组织特别是农民合作的经济组织对农村的生产方式有重要的影响，对农村的土地流转规模也具有一定的影响。改革开放以来，中国农民合作经济组织的发展大致可以分为三个阶段：

第一阶段：自发组织发展阶段。20世纪80年代初期，家庭联产承包责任制逐步在农村开始推行，农民获得了自主经营权，但在自主生产过程中，农民开始意识到自身缺乏科学的种植技术，迫切需要学习现代农业科学技术。为满足农民对技术的需求，首批农民自发组织起来的技术服务组织在农村出现了。对于技术服务组织这个新生事物，由于缺乏各方面的经验和认可度，这些组织处于自生自灭的自发状态。

第二阶段：专业大户带头组织的迅速发展阶段。到了20世纪80年代中后期，专业协会组织受到大多数人的关注，并且受到了政府有关部门的扶持，得到了快速的发展。直到90年代中期，这些农业组织的重点都在农业技术的协作上，因此这时的专业协会常以农业技术服务合作协会、农民专业技术协会等名称存在。这一阶段是农村专业合作经济组织的初期萌发阶段，主要特征表现在：以专业大户或能人牵头兴办为主，组织带动附近农民发展专业生产；发展模式不固定，尚处于自发状态；合作内容以技术为主，通过开展农业技术培训，向附近农民传授农业种植及农业加工技术，以提高农业生产水平。

第三阶段：多种组织形式并存的快速发展阶段。20 世纪 90 年代中期至今，农村合作经济组织的发展态势逐步加快，覆盖面也在不断扩大。据综合农业部等机构的统计和估算，截至 2010 年 3 月底，全国依法登记的合作社已超过 27 万家，是 2009 年同期的两倍多，是 2008 年同期的 6 倍多，并且呈现出服务内容不断扩大、服务的产业门类不断增多、市场竞争能力逐步增强、合作组织功能不断完善的良好发展态势（雷萌等，2010）。农村专业合作经济组织可分为专业协会、专业合作组织以及专业联合社三类，由于西部地区经济发展水平等因素的限制，西部地区农村专业组织以协会为主要形式。目前西部地区农村专业合作经济组织具有以下特点：

（1）农村合作经济组织组建及发展的形式多样，主要以组织生产合作为特征。农村合作组织大多是由农业企业或者种植大户牵头、农民自愿参加组建而成的。农村合作经济组织的组建形式可归纳为 5 种类型：一是由乡村集体组织及农机站等政府事业单位建立的；二是由科技协会组织建立的；三是供销合作社发起组建的；四是龙头企业发起组建的；五是由农村中的经销大户、专业种植户等自发建立的。不同组建方式的合作经济组织根据其发展形式可分为两类，一是农村专业合作社，属于较为紧密的合作经济组织发展形式；二是农村专业协会，属于较为松散的合作经济组织形式。西部地区专业合作经济组织的主要形式是专业协会，约占西部专业合作经济组织的 70%—80%（韩俊等，2006）。

（2）以特色农业产业为依托，经营范围不断扩大。建立在本地农业主导产业基础上，通过对当地农业生产情况和农产品市场进行调研分析，农村合作经济组织依据市场需求带领农户参与农产品市场，实现小农经济与现代大市场的有效对接，实现当地特色农产品的产业化经营。

(3）西部合作经济组织数量少、规模小。西部地区农村合作经济组织相对落后。调查显示，经过改革开放 30 多年来的发展，农村合作经济组织呈现出逐渐加快的发展态势。综合农业部等机构的统计结果显示，农村合作经济组织在不同地区都有发展，但是分布有所差异，中部分布最多，东部次之，西部最少。西部地区农村专业合作经济组织数分布最多的是陕西省，也是全国农村专业合作经济组织数分布最多的 5 个省（区）之一。全国农村专业合作经济组织数分布最少的 5 个省（区）中西部占了 3 个，即青海、宁夏、新疆，因此可以说，西部地区农村合作经济组织发展相对落后。相对于经济发达的东部地区，西部地区农村合作经济组织的数量与规模均低于东部地区。农村合作经济组织的数量在一定程度上反映了组织农户的能力，合作组织的规模决定了其在农产品市场中竞争能力的大小。因此，提高西部地区农业的规模化与实现现代化，还需要进一步增加农村合作经济组织的数量以及扩大其规模。

总而言之，农村专业合作经济组织是农村经济发展到一定阶段的产物，是农村组织制度的一种创新。近年来，随着中国农村专业合作经济组织不断发展与壮大，农村合作经济组织形式多种多样，其发展趋势及内部特点集中体现在：第一，不改变农民的生产经营自主权和土地关系，农民可根据生产经营活动的需要参加不同的专业协会；第二，大多数以专业化生产为特征，以某种特色农产品为龙头组织起来，具有较强的专业性；第三，专业合作经济组织大多是利用和依托当地农村丰富的组织力量改造和兴办起来的，因此类型多种多样；第四，在农村专业合作经济组织的组建中，一定程度上存在部门之间的制约，各种利益关系交错，仅仅依靠农民的力量来组建专业合作经济组织将存在很多困难，因此在专业合作经济组织的起步阶段需要政府的扶持、引导和保护；第五，我国合作经济组织的发展还处于初始的阶段，整体实力不强，缺乏管理经验，目前还没有系统的扶持政策和完善的法律法规体系。因此，我国合作经济组织的发展需要经历一个较长的过程，特别是西部地区信息相对闭塞、经济发展水平落后，农村专业合作经济组织的发展更需要政府的扶持。

## 第二节 西部地区土地流转实施现状及存在的问题

### 一 土地流转的模式

西部地区土地流转的模式主要有以下几种：

一是合并调整模式。杨凌示范区就是该种模式的典型，杨陵区按照农业产业园区规划，在村镇指导下结合农户产业发展意愿，由村集体组织及土地银行出面全面收集土地，按照农民自愿或每户只有一块地的原则，重新将土地承包经营权按照种植区域分配到农户，统一管理，科学种植，实现农产品的规模化。对于有些不愿从事规划项目种植的农户，由村集体在规划园区外另划土地，面积和土地质量等所产生的差异，由村土地银行按照地租标准统一平衡核算，以货币的形式长退短补。

二是反租倒包模式。该流转模式在西安市高陵区、长安区，咸阳市三原县、泾阳县等地比较流行，该模式通过农户和村集体组织或土地银行签订委托经营协议书，将农户的土地经营权集中到村集体或土地银行，再由村集体或土地银行将土地经营权发包给种植大户或专业合作社，实现土地的规模化经营。

三是企业租赁模式。该流转模式在延安市志丹县、宝塔区，榆林市横山区等地被普遍采用，该土地流转模式由农户和村集体或土地银行签订委托经营协议书，将农户的土地经营权集中到村集体或土地银行，村集体或土地银行将土地经营权租赁给农业企业，承租方一次性或分期付给租金，租赁不改变承包关系，以此方式完成土地经营权的集中，实现农业规模化经营。

四是自愿互换模式。该土地流转模式在宝鸡、商洛、安康等地被普遍采用，在该土地流转模式中，土地承包人之间为方便规模种植、实现产业发展，将承包土地的经营权进行互换或合并，互换条件通常通过农户自愿协商或村集体出面解决。单户或者一部分承包户主动或在集体组织协助下与本集体中的其他承包户自愿调整地块,使承包地连片集中发展产业,促进了土地的连片集中和规模经营。

五是农民自己出租、转让模式。一些农民经过简单协商,自愿将土地经营权出租或转让给他人或企业,该流转模式是西部地区采用较多的流转模式。

相比较这五种土地流转模式,第五种模式简便易行,但不规范,往往容易出现矛盾纠纷。有的人甚至将承包地出租卖土,一夜之间平地变成大坑。而前四种模式是经过不断发展完善形成的比较成功的模式。

## 二 土地流转实施现状

### (一) 整体状况

据农业部统计,截至2014年6月底,全国承包耕地流转面积3.8亿亩,流转比例达到28.8%。经营面积在50亩以上的专业种植大户超过287万户,家庭农场超过87万个。在实际的土地流转中,还有一些其他的流转模式,根据农业部的统计数据,2014年全国农村土地流转的主要形式有转包、出租、转让、互换、入股和其他,所占比例分别为53.65%、21.87%、8.84%、4.84%、4.61%和6.19%,目前企业直接租赁农户承包地的比例虽然不高,但是增速很快,因此,对进入农业的工商企业既要加强监管,又要鼓励引导。在西部地区农村土地流转总面积中,转包、出租、转让、互换、入股和其他这6种形式所占比例分别为56.87%、27.55%、10.48%、5.95%、1.91%和8.45%。和全国农村土地流转相比,西部地区农村土地流转互换模式占比较高,土地入股模式占比较低,因此西部地区土地流转才刚刚开始,市场化程度有待进一步提升。西部部分省区土地流转的情况如下:

四川是西部土地流转最活跃的省(区)之一,截至2014年6月底,全省家庭承包耕地流转总面积达1415.5万亩,耕地流转率达到24.3%,略低于全国平均水平,但是和东部40%的流转率相比有较大的差距。在流转的土地中,流转方式以出租和转包为主,面积分别占流转总面积的43.9%和38.1%;流转去向主要以流入农户为主,占流转总面积的51.9%,流向企业、农民合作社和其他主体的面积分别占流转总面积的18.4%、16.6%和13.1%。四川省35.3%的流转耕地用于种植粮食作物,一些地方的"非粮化""非农化"现象值得重视。根据朱文(2014)①对甘肃武都及四川都江堰、彭州、绵竹四个市203户农户的调查,调查结果表明:第一,土地流转中,以耕地流转为主,占流转农地的95%左右,而林地、草地和"四荒地"的流转比例很少。第二,土地流转形式具有多样性,农户土地转入及转出的形式不同。对于土地流出农户而言,以出租形式进行土地流转的农户较多,占60.6%,这是因为大部分龙头企业、合作组织都是以租赁的方式通过村政府协调获得农户土地,通过出租方式流转出土地就自然成为转出农户的主要方式。其中都江堰采用出租形式的农户占89.7%,还有转包、代耕、转让等形式,所占比例不高,流出土地的农户中采用土地入股形式流转的农户约占13.6%,这种模式是土地流转未来的发展方向,表明当地农村正在逐步盘活农户土地,这是农村经济获得飞跃发展的前提。有约65%的转出农户都签订了书面合同,这主要是因为:土地主要流转给龙头公司、合作组织、经营大户等经营主体,农民在土地流转中是弱势群体,自身文化素质低、信息闭塞,很难及时了解和掌握相关土地政策,为保护土地转出时自身权益,所以一般倾向于签订书面流转合同。对于土地转入农户来说,代耕形式采用得相对较多,占47.62%,接近转入土地流转形式的50%,此种形式的土地转入选择口头协议完成土地流转交易,较少签订书面合同,这主要是因为,转入土地的农户更多的是代替亲戚朋友耕种,以避免土地撂荒。其他流转形式在调查样本区的转入户中相对较少。

陕西省是西部土地流转第二活跃的省(区),根据陕西调查总队发布的数据,2013年陕西省已实现农村土地承包经营权流转538万亩,占家庭承包经营耕地面积的11.8%,低于东部沿海发达地区

---

① 朱文:《西部地区农户土地流转现状剖析》,《西南民族大学学报》(人文社科版) 2014年第1期。

40%的流转率，也远远低于全国26%的平均水平。杨陵区是各市中土地流转面积占家庭承包耕地面积比例最高的，达到44.2%。陕西省土地流转形式以出租、转包、互换为主。农户是土地流转中的接收主体，占流转面积的64.3%，农民专业合作社接收的土地占12.6%，农业企业接收面积占12.9%，其他占11.2%。陕西省农村土地流转率偏低的主要原因是，陕西省农村劳动力非农转移率低，即使转移也是兼业者居多，土地仍然是农民的重要保障，农民担心土地流转后失去承包经营权，导致丧失以土地为依托的基本保障，因此土地流转主动性不高，导致希望流入土地的农业种植大户难以得到土地。陕西省土地流转中出现这些现象的原因有：向种粮大户流转的少，亲戚朋友之间流转的多；向外村外镇村民流转的少，本村本组村民之间流转的多；整村整组成片土地流转的少，单块零散土地流转的多。另外，一些靠近都市的近郊地区，如西安市长安区、临潼区，农民随时等待政府拆迁征地发展城镇化建设，参与流转积极性不高，宁愿撂荒也不愿意失去对其的经营权。

土地流转在交通方便、经济发展较好的农村地区开展得较好，为了了解相对边远地区土地流转状况，本课题组在研究中深度走访了不同地貌地形下的西部边远农村，下面是部分地区的乡镇的土地流转情况：

甘肃省在规范有序推进农村土地承包经营权流转中，不断探索多种流转形式，制定了一系列引导土地流转、发展适度规模经营的政策措施。如不断规范土地流转供求信息登记、信息发布、合同签订、纠纷调解等程序，建立了流转台账制度，落实了土地流转登记备案制度。从2011年开始，甘肃省每年安排1000万元专项资金对土地流转进行奖励支持。这些措施取得了一定成效，到2013年底，全省农村土地流转面积约500万亩，流转率达到10.4%；土地流转形式更加多样，转包、出租、转让、入股、互换等土地流转形式不断涌现，出租、转包是主要的土地流转方式，这两种形式流转土地面积占流转总面积的比重超过70%。但是，甘肃省农村土地承包经营权流转仍以农户间流转为主，占流转总面积的60%。为了土地适度集中实现规模经营，甘肃省也积极采取了相关措施，培育经营主体，积极鼓励和扶持种植大户、龙头涉农企业、农村合作社和农户参与到土地流转中，流转对象日趋多元化，流入农民专业合作经济组织的占流转总面积的15%，流入涉农企业的占流转总面积的14%。通过典型带动，甘肃省土地流转目前正在有序推进，截至目前，张掖市、酒泉市土地流转率超过20%，还有5个市（州）流转率超过10%（王朝霞，2012）。

青海省是西部地区土地流转规模较小的省（区），也是全国土地流转最不活跃的5个省（区）之一。目前青海农村土地流转面积仅占全省耕地面积的4%，而且主要是本村内农户之间的流转，村内土地流转面积达22万亩，占土地流转总面积的50%。青海的土地流转表现出以下特征：土地流转处于自发状态，当前青海农村土地流转多数是农民私下协商交易，仅仅是农户之间的短期互助性的流转，没有组织协调，大部分土地流转没有手续，也没有流转合同或者契约来规范流转双方的权利与义务关系；青海农村土地流转呈现明显区域性，地区不同土地流转的规模、用途也不同。在西宁市近郊区域，主要发展蔬菜、花卉等设施农业和效益农业，呈现大面积土地流转；县城附近主要从事规模种植，土地流转在农户与大户间进行；近山地区主要发展农业生产、牛羊育肥、中藏药材等，土地流转以零散的、农户间的流转为主。从流转形式看，土地流转以自主转包流转形式为主，占土地流转总面积的50%以上；以土地互换形式流转的土地面积占土地流转总面积的10%；以土地转让形式流转的土地面积占土地流转总面积的2%；以土地租赁形式流转的土地面积占流转总面积的8.7%。此外，入股等流转方式在少数地区也逐渐兴起，但该种形式的流转面积不大。从流转去向看，农户之间的流转面积占流转总面积的54.6%；流向农民专业合作社的面积占流转总面积的33.4%；流转入企业的面积占8.7%；流转入其他主体的面积占3.3%。从调查结果看，青海流转的土地主要用于种植业，青海流转的土地从事种植业的面积占流转面积的95%，从事养殖业的面积占0.4%，从事林业的面积约占3%。

广西壮族自治区农村土地流转呈现出三个基本特点：一是农村土

地流转比例相对较低，但是近年来流转速度明显加快。自治区土地流转方式呈现出多样化趋势，流转形式有转包、出租、借用、转让、入股等。2014年6月底，广西壮族自治区农村承包土地流转面积占农户承包土地总面积的18.81%，流转明显加速，但与全国平均水平及其他省份相比，土地流转仍然相对滞后。二是土地流转中大规模的土地流转相对较少，仍然以小规模土地流转为主。截至2014年6月底，自治区连片承租农户承包土地50亩以下的流转面积占全区流转面积的57.6%，小规模土地流转占有较大的比例。三是从流转土地的经营看，多以种植经济作物为主，对农业产业化的发展具有较好的带动作用。土地流转流入的130多个企业或种植大户以种植经济作物为主，形成了百色番茄、富川脐橙、金穗香蕉等一批专业化强、规模大、现代化程度高的特色品牌农业，带动了青海全区农业产业化的发展。

宁夏同心县河西镇地处同心县西北部，交通较为便利，主要以乡间公路为主，距离县城23公里，面积161.7平方公里，人口2.2万人，是个地广人稀的地区。河西镇处于鄂尔多斯地台向黄土高原过渡地带，地貌分异明显，类型复杂多样，对宁夏中部地区地形地貌有明显的代表性。地势为西北低，东南高。西北为低山、缓坡，丘陵与川地纵横交错，海拔1283—2624.5米。东南部为黄土丘陵区，海拔1500—2000米。西部有清水河，东部有甜水河，均为由东南向西北流向。河西镇农业主产小麦、玉米、油料；畜牧业以养牛为主。人均耕地面积8.02亩，虽然人均耕地占有量高于全国水平，但很大一部分土地是生产力很低的陡坡地。调查发现：以旱地为主的河西镇，土地利用效率不是很高，人均产粮也不足800斤，正常年份尚能解决温饱问题，一旦遭遇灾害，则生活困难。在丘陵地带，由于土地质量太差，土地带来的收益很低，不少农户已经放弃了耕种。本镇土地流转率较低，距离城镇比较近的部分土地接受了土地流转，流转率为15%左右。流转土地中有交换使用让承包土地连片耕作；或是租借于企业家租种，年租金300—500元左右；有通过抵押出去换贷款来做小生意的。河西镇发生流转的土地主要还是以平原为主，丘陵和山地流转较少，转入的土地以种植向日葵、蔬菜、西瓜等经济作物为主，种植粮食作物的很少。在稍微偏远的地方，土地流转鲜有发生，土地弃耕、撂荒现象严重。近些年来，为了提高土地收益，政府、企业家引进新的发展思路，包括发展畜牧业、种植耐旱作物等。农村信用社配合国家政策，开始让农民拿出部分土地经营权做抵押，每亩地不超过3000元，以此帮助农民发展经济，提高经济发展水平，调整农业结构，发展多种经营。

陕西省商洛市镇安县柴坪镇农村土地使用状况的调查。陕西省商洛市镇安县柴坪镇位于镇安县西南部，距县城49公里，属于陕西南部山区，东与龙胜、青铜交界，南与达仁毗邻，西与余师接壤，北与庙沟、青铜相连。全镇辖9个行政村，52个村民小组，2765户，其中农业人口2657户10484人。总面积163平方公里，有耕地16259亩，其中基本农田8440亩。气候温和，天然的秦岭屏峰，形成全镇亚热带半湿润气候，年平均气温20.1℃，降水量804.4毫米，无霜期226天。最高海拔塔云山1665.8米，最低海拔蚂蚁沟口375米。主要农作物是蚕桑、板栗、核桃、中药材等，这些传统产业发展迅速，烤烟、劳务、旅游等新产业初具规模，主导产业已占人均纯收入的70%。柴坪镇镇党委、政府制定出台了一系列开发开放的优惠政策。从调查走访情况来看，柴坪镇农户的土地大多用来种植烤烟、板栗、核桃等经济作物，少部分种植小麦、玉米等粮食作物，土地类型多以山地、丘陵为主。目前柴坪镇土地流转面积约占全镇耕地面积的10.2%。通过调查了解到，柴坪镇农村土地流转的形式大致有三种：一是转包。为了有效利用土地资源，避免土地撂荒，部分年老体弱或举家常年外出务工的农民，自愿将承包的土地无偿或低价转让给朋友、亲戚或邻里进行经营或使用，这种形式的土地流转面积约占总流转面积的50%。二是互换。部分农户为了便于开展规模经营，农户之间自愿将承包的土地相互交换，使零星分散的土地整合成大块土地，有利于经营和使用。这种形式的流转面积近57亩，占总流转面积的6.7%。三是租赁。通过租赁形式流转的土地约占土地总流转面积的6%，这种土地流转形式多由种植大户集中连块租赁乡村集体经济组织或农民的土地，发展优质粮、瓜菜、烟叶、林果等特色农业，便于形成规模经营,提高生产效益。

陕西省延安市子长县李家岔镇农村土地使用状况的调查。李家岔镇地处延安市北部的白于山区,属于西北黄土高原地带,地形峁梁起伏,为典型的黄土高原丘陵沟壑区。距子长县城30公里,与靖边、安塞、横山等地接壤,地势东高西低,属大陆性半湿润半干旱气候,年平均气温8.2℃,年降雨量450毫米左右,境内土地资源广阔,有较丰富的矿产资源,已探明的矿产资源有石油、天然气、石灰岩等。李家岔镇现有耕地面积47645亩,人均2.5亩。主要经济布局以草畜业、棚栽业、果桑业、薯业为主,粮食生产主要有谷子、玉米、小麦、豆类等作物,经济作物主要以洋芋、蔬菜、瓜果、油料为主,尤以盛产洋芋出名,素有"洋芋之乡"的美誉,全镇主导产业开发的总体思路是"壮大畜牧业、优化畜产业、发展棚栽业、推进蚕桑业"。

本次重点走访了李家岔崖窑沟村的28户村民(由于该村有6户村民长期在外,故并未能全数调查),该村总人口158人,耕地面积276亩,人均耕地面积1.7亩,农民人均年收入4800元,其中农业收入1300元,占27.1%。目前该村有50%以上的劳动力在外打工,但由于土地流转相关手续比较麻烦,并且部分村民担心以后土地的处理权出现不必要的麻烦,故40%的外出劳动力家庭即使不种田也不愿意将土地流转。从与村民的谈话中了解到,近几年主要农业生产资料价格持续上涨,种粮成本居高不下,国家出台的粮食直补、良种补贴、农机具购机补贴以及取消农业税等一系列惠农政策,在很大程度上被农业生产资料价格上涨所抵消,农业效益低下的局面并没有得到根本的改变。再加上李家岔崖窑沟村绝大部分是高原与山区,农业很大程度上"靠天"吃饭,一旦遭遇自然灾害就可能颗粒无收。一个外出务工的劳动力,除了吃住,收入也比种田高,在城市就连做家政服务的保洁工人,每天也有40—50元的收入,因此外出打工农户较多。

通过走访调查及与村民进行访谈了解到,当地土地流转与农户生产特征之间的关系具有以下特点:

第一,"半工半农"的农户,土地承包经营权流转意愿较低。在"半工半农"的农户家庭中,男性劳动力以外出打工为主,农忙时期回乡务农，女性劳动力主要在家照应老人、看管小孩。这类农户数量大、比例高，占60%以上。这些农户由于缺乏劳动力，只耕种土地质量好的或离家近的承包地块，对那些相对贫瘠的和离家远的土地弃而不耕，种植的土地主要是解决自己一家人的粮食问题。这些农户的主要收入来自非农收入，占家庭收入的比重约在70%以上。"半工半农"的农户家庭成员主要生活在农村，对土地的依赖性较强，担心土地流转给未来带来不必要的纠纷，一般不愿意将承包经营的土地流转出去。

第二，常年在外打工的农户，具有较强的土地流转意愿。这类农户约占农户总量的30%，他们的收入主要来源于非农收入，占家庭收入的比重在80%以上。这类农户没有时间经营土地，往往只留下少量土地由家人耕种，大部分土地以很低租金出租或入股给他人，有的甚至免费委托给亲戚或邻居代耕，这部分农户是土地流转的最大潜在力量，随着他们在其他行业的工作趋于稳定，以及非农收入的增加，这部分农户对于将土地流转出去的意愿越发强烈。

第三，常年在家务农的中小农户，对土地的依赖导致他们不愿将土地流转出去。这类农户占总数的10%左右。因小孩小、主要劳动力有病缠身，或因知识、智力等因素，这类家庭的主要劳动力在农村务农。这类农户经济来源主要依靠农业收入，生活比较困难，他们不愿意将自己的土地流转出去，反而希望能够增加经营的土地面积。

该村土地流转规模较小还与该村的地形地貌有关。该村多为山地和丘陵，且以山地为主，土地类型限制了土地流转，主要原因有三点：一是该村地形多为丘陵和山沟，难以形成较大规模现代化农业，不利于大型机械化操作，分散作业，农民凭借手工劳动肩挑、背扛、马驮，劳动强度大。二是自然条件差，降水较少，如果遭受虫灾和旱涝灾害，那么土地的产出和收入将基本持平甚至呈亏损的状态。三是基础条件差。水利设施很不配套，保湿面积小。同时交通信息闭塞，生产的盲目性和随意性很大。

陕西省西安市户县涝店镇寨尚村农村土地使用状况调查分析。涝店镇位于陕西省西安市户县县城西北8公里处，属于关中平原地带。

交通便利，东临渭丰乡，南临玉蝉乡，西接甘河乡，北依渭河与兴平市相望，全镇有自然村36个，8075户3.6万多人，耕地40287亩，全镇均为平原。涝店镇在全国气候分区中属于暖温带半湿润的季风气候区，气候温和，四季分明，雨量适宜，日照充足，全镇年均气温13.2℃，全年最冷的1月平均气温－0.9℃，最热的7月平均气温26.4℃。全镇年平均降水量595.7毫米。雨量主要集中在7—9月，年平均湿度为69.6%，雨热同季，是农业生产的气候优势。涝店镇地势平缓，土壤肥沃，物产丰富，盛产西瓜、酥梨、桃等，该镇的主要农作物有小麦、玉米。

寨尚村人口约930人，拥有土地面积近1020亩，均为平原，其中耕地面积880亩，人均耕地面积约1.1亩。农户土地主要特点是地块多，单块面积小，缺乏集约性，不利于农机的推广使用。寨尚村人均土地拥有面积相对附近村庄来说不算太少。农户以小麦、玉米种植为主，偶尔穿插几户瓜果蔬菜。经过实地考察，村子里基本上没有闲置土地。年轻人外出打工较多，由于是平原地带，人均耕地面积较少，农作物由中老年人协助机械化作业完成播种收割等一系列农业活动，因此土地流转现象在寨尚村不明显，其中流转土地约占耕地面积的4%。流出土地主要种植农作物的比例为：小麦、玉米占64%，水果占23%，蔬菜占1%，树木占12%。

目前农业生产中存在的问题包括以下几方面：一是土地缺乏有效整合，农作物种植的生产率低下。耕地的零碎给农户的管理带了诸多的不便，又不宜采用大规模机械化生产，劳动力的生产率较低，同时也严重制约了土地的有效利用。二是农业生产具有盲目性，在农作物种植方面，往往是农户想种什么就种什么，缺乏科学的指导，也造成耕地的生产率下降。三是耕地使用不规范情况较多。目前实行土地承包30年不变，广大农村现存的农用地管理模式，由于种植农作物收入较少，在耕地上建房、种树，严重蚕食了有限的耕地，导致土地"非粮化"问题严重。

（二）流转典型地区

杨凌农业高新技术产业示范区，是全国唯一的高新农业技术产业示范园区，肩负着探索现代农业发展新模式的重大使命。杨凌示范区在土地流转中不断创新土地流转的方式及路径，培育较为充分的中介组织以及采取因地制宜的流转模式等，对于西部地区有着重要的示范、带动和辐射意义。

杨陵区制定了有关政策，兴建了土地银行，规范了土地流转行为与流程。土地银行作为中介组织，在不改变土地使用权的基础上将分散的农户土地集中起来，土地银行在土地流转中负责与合作社或企业法人签订合同，土地流转提供担保的是集体信用。这样，合约双方不必担心合约期限内存在合约变动的风险。目前，杨凌示范区已在现代农业发展较为集中的镇村组建"土地银行"37家，顺利流转土地4.2万亩，有效保证了示范区用地和发展的需要，而且使农民家庭经营收入大幅度上升。因发展设施农业，土地被企业和其他经济组织全部租用，且不能从事设施农业生产的农户，按照人均耕地0.3亩的最低生活保障标准享受政府补贴，每年每分地获得补贴80斤小麦、80斤玉米；男年满60岁、女年满55岁的农民，每人每月获得生活补贴60元；由政府代交新型农村合作医疗个人自筹部分；还免费为农民提供就业技术培训，提高农民综合素质，解除了他们的后顾之忧。

杨凌农业高新技术产业示范区借助土地银行的土地流转，促使农民收入得到提高的同时，也增加了农产品的科技含量与附加值，催生了现代农业企业的发展。杨凌本香农业产业集团利用土地银行流转的土地，建立了1300亩的仔猪繁育基地，该基地已成为规模化、生态化、标准化、现代化的养殖示范基地，目前每年仔猪出栏量20万头。杨凌农业创新园珍奇蔬菜馆，利用流转的土地，采用立体、多层的栽培模式，其产量可达常规生产的5—10倍，提高了空间利用率，为现代农业发展创新开启了无限的想象空间。

榆林横山区响水镇村民通过土地流转，提高了农业产业化与现代化水平，实现了农业的集约化、规模化、高效率，改变着传统的农户生产经营方式，有效地提高了流转土地的利用率。榆林横山区响水镇驼燕沟村民乔俊宏开始从65户村民手里租来60多块合计800亩的"绺绺田"，经过治理，变成一马平川的大块田。他从日本、韩国购进了育种机、插秧机、收割机，引进优良稻种，实行测土配方施肥，工厂化育秧，机械化插秧、收割，年纯收入 10 多万元。后来他成立了横山区首家水稻机械化生产专业合作社，吸收入社农民 139 户，他们专门为合作社成员 3000 亩水稻提供生产全程机械作业、农资供应、精米加工及销售服务，年收入 100 多万元。合作社经营管理人员只有 20 多个人，如果在以前，需要 200 多个劳动力来经营。

### 三 土地流转中存在的问题

目前，西部地区的土地流转主要以家庭为单位农户自主流转，在流转中存在以下问题：

第一，农户自主流转土地仍是主流，难以形成规模自主流转面积。以县为单位 90% 以上的土地流转原动力都是农户，在人口外出多的山丘区农村，自主流转面积几乎占到 100%，整乡整村都以农户自主流转为主。在自主流转中，由在村耕种的农户与外出不耕种的农户互相协商，大多在近邻和亲友之间，一个招呼或一个电话，口头契约，时间一年一定或一定多年，收益所得约定俗成，一般租金较少，每亩地 300 元左右，有的分文不收交由接耕者代耕，只保留承包权。流转范围一般在土地集体（原生产队）内部进行，也有个别超越土地集体而延伸到外乡外村的亲友，但耕作半径一般以早出晚归"走耕"为限。很显然，土地流出户均以农户自主分散为主，散户的自发性土地流转在土地规模化的发展要求方面并不具备优势。土地的流入方一般从事农业规模经营，需要足够大的土地面积，但是具有土地流转愿望的农户，地块区域比较分散，要实现土地集中连片的经营，必须要求这些分散农户的土地是相邻的并且农户的流转意愿一致。现实中农户间的情况千差万别，流转的意愿和流转期的长短很难统一，难以实现其土地的流转规模化。因此，农户自主流转的缺点有以下几点：土地市场的规模仅限于村级土地市场，难以突破进行延展；土地流转的速度与城镇化进程和农村劳动力转移的规模密切相关，劳动力非农转移的速度决定了土地流转的速度，西部地区城镇化及农村劳动力转移较慢，因此土地规模化速度较慢。由于接耕的农田一时难以达到务工经商的劳动收益，因此职业农民队伍成长缓慢。

第二，流转期限短，不利于土地的可持续开发与利用，机会主义行为严重。短期的或是不确定的土地流转行为在农村占据了大多数，土地流转双方可以随时终止流转合同。从部分乡镇的调查来看，土地转包期限大多为一年期，期限在5年以上的极少。土地流出的农户对流出土地租金有看涨的预期，希望每次流转合同的期限尽可能短。而土地的流入方从土地的使用规划角度考虑，对于流转的合理年限大多要求在5—10年，还有部分农户希望的流转期限更长。由于土地流入方与流出方对流转期限的要求不一致，导致西部农村土地流转期较短，集中程度不高，因此土地流入方不愿进行专用性的资产投资，在土地的利用中不考虑长远的投资或规划，机会主义行为严重，耕地难以进行规模经营。

第三，土地流转行为不规范，土地流转机制缺乏有效性。目前，西部地区土地承包经营权流转交易多数发生在本村及其邻村，在朋友、亲戚或相互关系较好的村民之间的私下行为较多。在土地流转过程中，以口头方式达成协议为主，双方很少签订书面合同，即使签订合同也存在责、权、利关系不明确，未向集体备案，合同手续不规范等缺陷，有的土地流入农民甚至擅自改变土地的农业用途。同时，不规范的流转行为也容易引起农村土地纠纷，由于农村土地流转程序的不规范，导致流转双方责、权、利不明确，一旦出现流入方不按时支付流转费用或将土地使用权自行再转让、流入或流出方单方终止合同、土地使用权发生权属纠纷等情况时，难以维护当事人的合法权益，农村土地承包经营权流转秩序和农业生产的稳定性容易受到破坏。

第四，农村土地流转双方资金匮乏，也是土地流转速度难以提升的主要原因之一。资金的缺乏是西部农业规模化经营的主要瓶颈之一。作为土地的流入方，生产初期成本投入大，投资收回期长，所以土地流入方在完成支付农村土地流转费用后，还需要投入大量的生产资金；同时，作为土地流出方的农户也需要资金的支持来从事第二、第三产业。因此，如何解决农村土地流转中的资金问题是建立土地流转机制应该重点考虑的问题之一。

# 第六章　基于截面调查数据的西部地区农户土地流转行为分析

本章将根据西部部分农户（2200户）的调查数据，从农户拥有的土地资源特征、农户家庭结构特征及生产特征等方面出发，运用数据挖掘方法，挖掘对农户土地流转行为具有重要影响的变量，进一步对农户土地流转行为进行定量分析。

## 第一节　农户土地流转行为的定性分析

基于SCCP分析范式，农户土地流转过程中，影响农户土地流转行为的因素来自农户的形势（Situation）以及农户自身特征（Characteristics），可将这些因素归纳为4个方面：农户拥有的生产性土地状态、农户家庭劳动力特征、农户生产行为特征、农村经济组织及保障性制度。影响农户土地流转行为的4个方面可通过以下具体的调查项目来反映：

### 一　农户拥有的土地状态

农户拥有的土地状态包括拥有土地的面积（X1）以及类型（X2），其中，土地类型可分为：耕地（灌溉水田、望天田、水浇地、旱地、菜地）、园地（果园、桑园、茶园、橡胶园、其他园地）、林地（林地、灌木林地、未成林造林地、苗圃等）、牧草地（天然草地、改良草地、人工草地）、其他农用地（畜禽饲养地、设施农业用地、农村道路、坑塘水面、养殖水面、农田水利用地、田坎、晒谷场）等。

## 二 农户家庭劳动力资源特征

农户家庭劳动力资源特征包括家庭的劳动力人数（X3）、家庭结构特征（X4）及家庭劳动力受教育程度（X5）三个方面。其中：家庭结构是指农村住户中家庭成员的构成状况，分类如表 6-1 所示。

表 6-1　　　　　　　　　家庭成员的构成状况分类

| 编码 | 代表含义 |
| --- | --- |
| 1 | 单身或夫妇 |
| 2 | 夫妇与一个孩子 |
| 3 | 夫妇与两个孩子 |
| 4 | 夫妇与三个孩子 |
| 5 | 单亲与孩子 |
| 6 | 三代同堂 |
| 7 | 其他 |

劳动力文化程度指劳动力接受国内外教育所取得的最高学历或现有文化水平所相当的文化程度。分类如表 6-2 所示。

表 6-2　　　　　　　　　劳动力文化程度分类

| 编码 | 代表含义 |
| --- | --- |
| 1 | 不识字或识字很少 |
| 2 | 小学 |
| 3 | 初中 |
| 4 | 高中 |
| 5 | 中专 |
| 6 | 大专及以上 |
| 7 | 没有劳动力 |

## 三 家庭生产行为特征

家庭生产行为特征主要指农户经营农业的种类（X6）以及生产技术的应用情况（X7）。对于反映生产技术的应用变量主要考虑：机耕面积（X71），指调查期内用机械进行耕作的耕地面积；抛秧面积（X72），指的是应用抛秧技术进行水稻种植的面积，按播种面积计算；机播面积（X73），指调查期内用机械播种的农作物的面积；机收面积（X74），指调查期内用机械收割的农作物面积；机电灌溉面积（X75），指调查期内用机电动力设备进行排水、灌溉的耕地面积；薄膜覆盖面积（X76），指调查期内用塑料薄膜覆盖种植的农作物面积；温室面积（X77），指的是在温室中种植的农作物的播种面积。

### 四 农村经济组织及保障性制度

外界所提供的组织保障也是影响农户土地流转的重要因素，本书主要考虑以下三方面的因素：

一是是否参加专业性合作经济组织（X8）。指农村住户是否参加当地的农协会或其他专业性合作组织。参加为1，否则为0。

二是是否参加新型农村合作医疗（X9）。指是否参加各级政府按照《中共中央国务院关于进一步加强农村卫生工作的决定》组织引导农民建立的以大病统筹为主的新型农村合作医疗制度。参加为1，否则为0。

三是是否领取最低生活保障（X10）。1代表是，0代表否。

对于农地流转的绩效，即农户土地流转的结果，可以通过土地流转的面积（U）来反映。

## 第二节 基于神经网络方法的农户土地流转的影响因素分析

人工神经元的研究起源于脑神经元学说。人们认识到复杂的神经系统是由数目繁多的神经元组合而成的。大脑皮层包括的神经元，互相联结形成神经网络，通过神经和感觉器官接受来自身体内外的各种信息，传递至中枢神经系统内，经过对信息的分析和综合，再通过运动神经发出控制信息，以此来实现机体与内外环境的联系，协调全身的各种机能活动，这就是神经网络。用神经网络还可以对类似的复杂问题进行分类、聚类、预测等。神经网络需要有一定量的历史数据，通过历史数据的训练，神经网络可以学习到数据中隐含的知识。在研究的问题中，首先要找到问题的一些特征，以及对应的评价数据，用这些数据来训练神经网络。

本书在运用神经网络进行农户土地流转行为研究时，将可能影响到土地流转的因素看成神经元，通过神经网络将各种信息传递到神经中枢（农户），农户经过对信息的分析和综合通过运动神经发出指令——是否进行土地流转。通过神经网络数据挖掘方法发现那些在农户土地流转决策过程中的重要因素。

## 一 神经网络基本原理

### （一）数学理论依据

如果 $f(X)$ 为有界单调递增连续函数，$K$ 为 $R^n$ 上的紧致子集，$\Phi(x) = \Phi(x_1, \cdots, x_n)$ 为 $K$ 上的实值连续函数，则对任意 $\varepsilon > 0$，存在整数 $m$ 和实常数 $C_i$，$\theta_i$ ($i = 1, 2, \cdots, m$) 和 $\omega_{ij}$ ($i = 1, \cdots, m$; $j = 1, \cdots, n$) 使

$$\overline{f}(x_1, x_2, \cdots, x_n) = \sum_{i=1}^{m} C_i \Phi \left( \sum_{j=1}^{n} \omega_{ij} x_j - \theta_i \right)$$

满足

$$\max | \overline{f}(x_1, x_2, \cdots, x_n) - f(x_1, x_2, \cdots, x_n) | < \varepsilon$$

由此定理，可以得出下述结论：

如果 $f(X)$ 为有界单调递增连续函数，$K$ 为 $R^n$ 上的紧致子集，则对任何连续映像

$$\Phi: X \rightarrow f(X)$$

可由一个三层前馈神经网络模型以任意精度逼近。神经元模型如图 6-1 所示。

图 6-1 中，神经元在树突部分接受了 $x_1$，$x_2$，$\cdots$，$x_n$ 共 $n$ 个信息，经过特定的权值 $w_{i1}$，$w_{i2}$，$\cdots$，$w_{in}$ 的作用后进入到细胞体。采用加法器，用于求输入信号被神经元的相应突触加权和，这个操作构成一个线性组合器。作用函数，用来限制神经元的输出幅度，将输出信

号压制到允许范围内的定值。细胞体通过作用函数 $f\left(\sum_{j=1}^{n} \omega_{ij}x_j - \theta_i\right)$ 对树突接收的信息进行处理。通常，一个神经元输出的正常幅度范围可以看成单位闭区间 [0, 1] 或者 [-1, 1]。常见的作用函数有阈值型函数、分段线性函数、Sigmoid 函数。将信息处理的结果 $U_I$ 通过轴突传输出去。

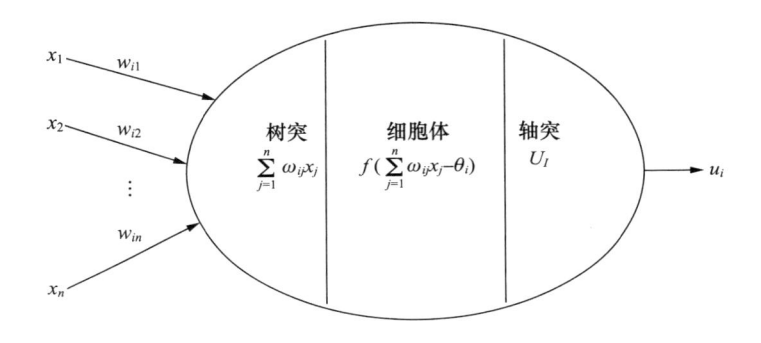

图 6-1 神经元模型

（二）BP 神经网络理论

1. BP 神经网络模型

误差逆传播神经网络模型（Error Back - Propagation，BP）是由 Rumelhart 等于 1985 年提出的一种多层前馈神经网络模型，也称 BP 神经网络模型。

BP 神经网络模型由一个输入层、若干个隐含层和一个输出层组成，位于同一层的神经单元之间不允许有连接，各层的神经单元只能向高层的神经单元输出激活信号。当一对学习模式提供给网络后，神经元的激活值从输入层经各中间层向输出层传播，在输出层的各神经元获得网络的输入响应，并按减少期望输出与实际输出偏差的方向，从输出层经各中间层逐层修正各连接权，最后回到输入层。随着这种误差逆传播修正的不断进行，网络对输入模式响应的正确率不断提高。

BP 神经网络模型的作用函数为 Sigmoid 函数，即 $f(x) = \dfrac{1}{1+e^{-x}}$，其在 $x=0$ 附近响应敏感，即对应 $f(x)$ 变化明显，而当 $|x|>c$（$c$ 是某个常数）时，$f(x)$ 变化不敏感。

BP 经网络模型表示如下：

设已知样本 $\{(x_1^{(k)}, x_2^{(k)}, \cdots, x_n^{(k)}, y_1^{(k)}, y_2^{(k)}, \cdots y_q^{(k)})\}$，$k=1,2,\cdots,m$，要建立这样的关系 $(x_1, x_2, \cdots, x_n) \xrightarrow{F} (y_1, y_2, \cdots, y_q)$。

通过对 $x_1, x_2, \cdots, x_n$ 的线性组合的非线性映射构造模型结构，再通过样本学习集获取相应的模型参数，即令

$$Y_i = f\left(\sum_{j=1}^{n} \omega_{ij} x_j - \theta_i\right), i=1,2,\cdots,m; x_i \in (-\infty, +\infty)$$

$$O_t = f\left(\sum_{i=1}^{m} V_{ti} Y_i - r_t\right), t=1,2,\cdots,q; O_t \in (0,1)$$

即：

$$(x_1, x_2, \cdots, x_m) \to (O_1, O_2, \cdots, O_n)$$

其中：

$$O_1 = f\left(\sum_{i=1}^{m} V_{1i} f\left(\sum_{j=1}^{n} w_{ij} x_j - \theta_i\right) - r_1\right)$$

$$O_2 = f\left(\sum_{i=1}^{m} V_{2i} f\left(\sum_{j=1}^{n} w_{ij} x_j - \theta_i\right) - r_2\right)$$

$$O_q = f\left(\sum_{i=1}^{m} V_{qi} f\left(\sum_{j=1}^{n} w_{ij} x_j - \theta_i\right) - r_q\right)$$

其中，$w_{ij}$、$V_{ti}$、$\theta_i$、$r_t$ 是待定模型参数；$f(x) = \dfrac{1}{1+e^{-x}}$，$x \in (-\infty, +\infty)$；$j=1,2,\cdots,n$；$i=1,2,\cdots,m$；$t=1,2,\cdots,q$。

BP 网络的权值思想是：在输入正向前馈传递得到的输出结果 $O_t$ 的情况下，把 $O_t$ 与实际结果 $y_t$ 比较，以二者误差形成的误差函数反向传递分别修正各层权值，要求使误差函数随着时间的变化沿梯度方向下降。修正公式为：

$$V_{ti}(k+1) = V_{ti}(k) + \Delta V_{ti}(k+1), \quad w_{ij}(k+1) = w_{ij}(k) + \Delta w_{ij}(k+1)$$

误差函数：

$$E_k = \frac{1}{2}\sum_{i=1}^{q}(y_{ki} - O_{ki})^2$$

**2. 基于 BP 神经网络的影响度模型**

神经网络训练样本的学习过程是神经元连接权重 $w$ 调整的过程，网络收敛稳定后，知识以隐含方式赋予在权空间上，因而权空间与对象系统的某些特性，或网络的输入、输出之间必定存在某种规律和联系。

研究表明，输入分量 $x_i(i=1,2,\cdots,m)$ 对应的神经元与隐含层神经元 $t(t=1,2,\cdots,q)$ 之间的连接权 $w_{ti}$ 之和，即 $\sum_{i=1}^{m}w_{ti}$ 越大，$x_i$ 对系统的影响越大；隐层单元 $t$ 与输出分量 $Y_j$ 的连接权 $V_{jt}$ 之和 $\sum_{t=1}^{q}V_{jt}$ 越大，系统响应输出 $Y_j$ 就越灵敏。当 $x_i$ 与 $Y_j$ 之间相关越显著，则 $x_i$ 与 $Y_j$ 之间的相关度 $R_{ij}$ 越大，即：

$$R_{ij} = \sum_{t=1}^{q}w_{ti}\frac{1-e^{-V_{jt}}}{1+e^{-V_{jt}}}$$

基于上述认识，与 BP 原理相联系，不难得到 $x_i$ 对 $Y_j$ 的影响度 $F_{ij}$ 计算模型为：

$$F_{ij} = \frac{R_{ij}}{\sum_{i=1}^{m}\sum_{j=1}^{n}R_{ij}}$$

**二 基于 BP 神经网络模型的实证分析**

（一）数据的预处理

数据来源于 2011 年西部农村住户实地调查得到的部分数据。在分析之前将原始数据及分类变量进行如下处理：

（1）在使用 clementine 数据挖掘软件实现神经网络分析时需要将数值型变量转换为 [0, 1] 的数据，因此采用极值法对原始数据先进行了如下标准化处理：

$$x'_i = (x'_i - x_{\min})/(x_{\max} - x_{\min})$$

（2）针对类型变量家庭结构及劳动力最高文化程度，转化为多个变量，如家庭结构共有 7 个类别，则转化为家庭结构 1，家庭结构

2……家庭结构 7，根据情况每个列变量对应"0"或者"1"。

（二）神经网络模型参数设置及结果分析

1. 神经网络模型基本参数设置

在 clementine 中采用神经网络理论模型，输入层采用与土地流转相关的 29 个输入变量，隐含层设定为 20 个节点，准确性为 85%，输出层变量为土地流转。其中输入层变量选取如表 6-3 所示。

表 6-3    神经网络输入层变量

| 序号 | 输入层变量 | 序号 | 输入层变量 |
| --- | --- | --- | --- |
| 1 | 期初实际经营耕地 | 16 | 家庭结构 1 |
| 2 | 期初实际经营山地 | 17 | 家庭结构 2 |
| 3 | 期初实际经营园地 | 18 | 家庭结构 3 |
| 4 | 期初实际经营牧草地 | 19 | 家庭结构 4 |
| 5 | 机耕面积 | 20 | 家庭结构 5 |
| 6 | 抛秧面积 | 21 | 家庭结构 6 |
| 7 | 机播面积 | 22 | 家庭结构 7 |
| 8 | 机收面积 | 23 | 劳动力文化程度 1 |
| 9 | 机电灌溉面积 | 24 | 劳动力文化程度 2 |
| 10 | 薄膜覆盖面积 | 25 | 劳动力文化程度 3 |
| 11 | 温室面积 | 26 | 劳动力文化程度 4 |
| 12 | 是否参加专业性合作经济组织 | 27 | 劳动力文化程度 5 |
| 13 | 是否参加新型农村合作医疗 | 28 | 劳动力文化程度 6 |
| 14 | 是否领取最低生活保障 | 29 | 劳动力文化程度 7 |
| 15 | 生产性固定资产原值 | | |

在数据与模型集成下，运行 BP 模型，如图 6-2 所示。

2. 神经网络模型分析的结果

（1）根据图 6-3 的结果，我们可以得到以下结论。期初实际经营土地面积的大小对土地流转影响较大，而且不同的土地类型对土地流转的影响也不尽相同，其中耕地与园地的期初经营面积影响最为显著。

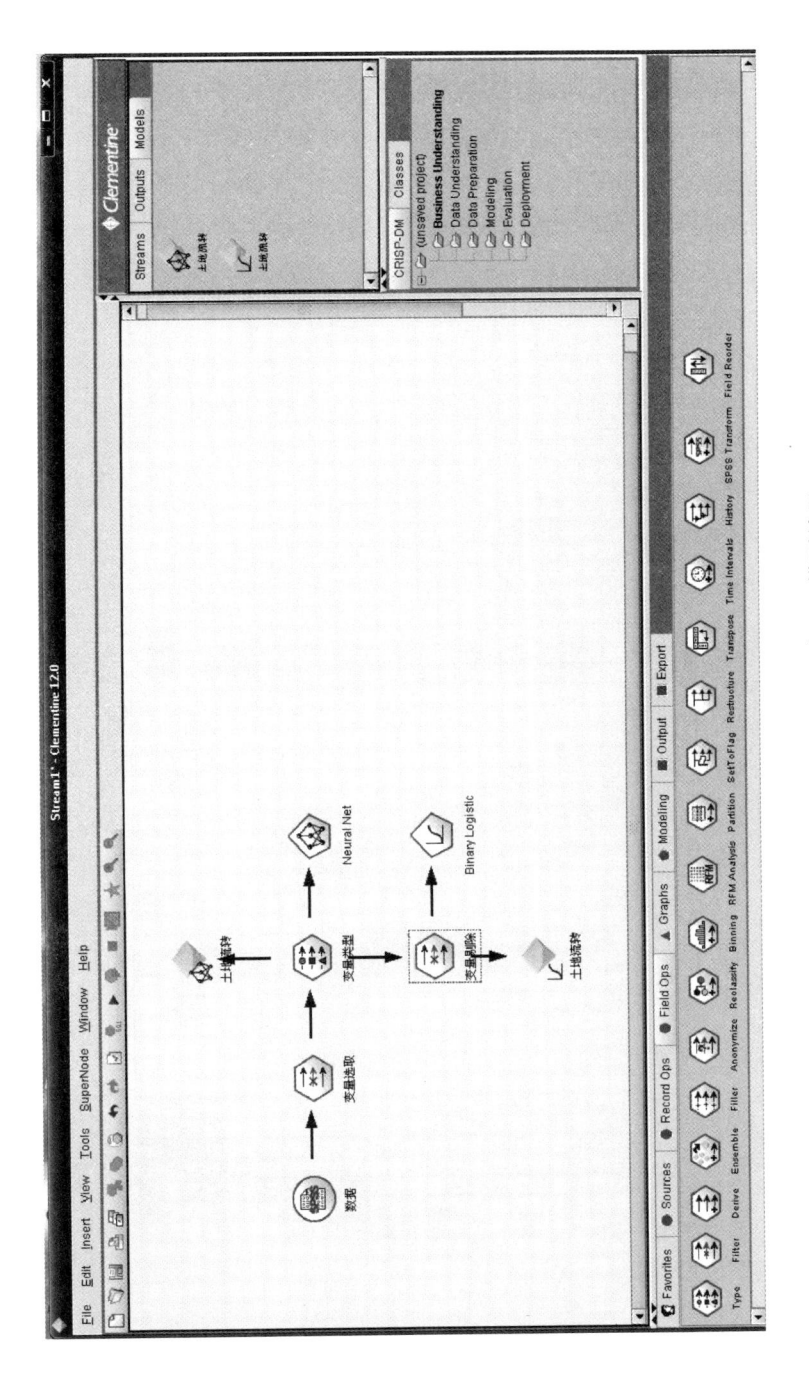

# 第六章 基于截面调查数据的西部地区农户土地流转行为分析

图 6-2 clementine 运行 BP 模型结果

图 6-3 神经网络模型分析的结果

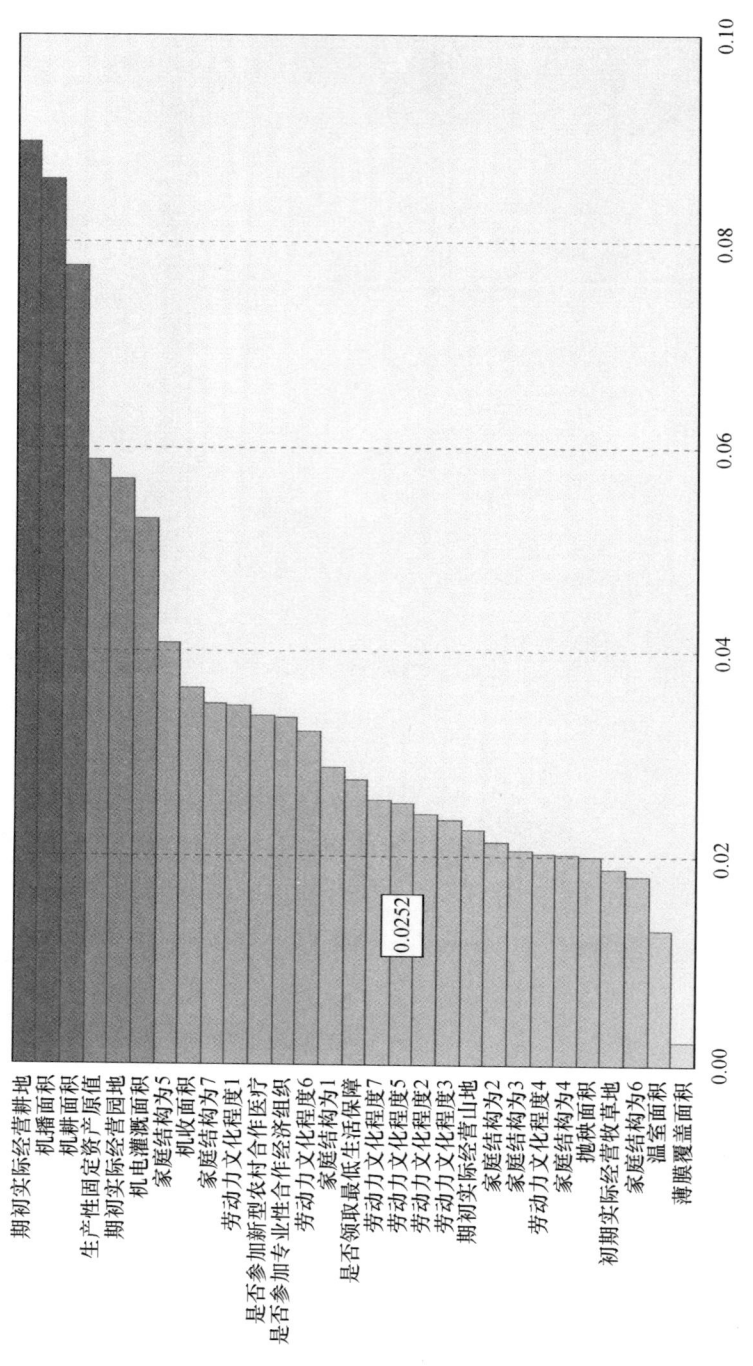

# 第六章 基于截面调查数据的西部地区农户土地流转行为分析

（2）从生产基础设施来看，生产性固定资产原值有较大的影响。

（3）从技术层面来看，机播面积、机耕面积、机电灌溉面积、机收面积影响较大，而抛秧面积、温室面积、薄膜覆盖面积影响较小。

（4）不同的家庭结构及劳动力文化程度对土地流转的影响不同，家庭结构为"5"与家庭结构为"7"的影响较大；而文化程度方面总体来看，文化程度越高越倾向于土地流转。

（5）是否参加新型农村合作医疗、是否参加专业性合作经济组织及是否领取最低生活保障对土地流转的影响也比较大。

根据图示结果及上述分析，我们最终选取权重大于 0.025 的 17 个变量，作为对农户土地流转影响较为显著的变量，进入 Logistic 模型进行定量分析。

## 第三节 基于 Logistic 模型的农户土地流转行为的计量分析

### 一 Logistic 回归模型的相关理论

前面根据数据挖掘中神经网络的分析，分析了影响农户土地流转行为的主要因素，接下来，定量分析这些因素对土地流转、土地转入以及土地转出的影响大小。由于因变量土地流转、转入转出是分类变量，线性概率模型反映的变量之间的关系通常与真实的关系不符合，在此选用常用的非线性概率模型 Logistic 模型。

（一）模型的构建

1. 基本思想

Logistic 回归模型见下面公式，$P$ 表示在 $m$ 个影响变量作用下事件（$y=1$）发生的概率：

$$P(y-1) = \frac{1}{1 + \exp[-(\beta_0 + \beta_1 \chi_1 + \cdots + \beta_m \chi_m)]}$$

其中，$y$ 表示是否发生土地流转，$y=1$ 表示发生土地流转，$y=0$ 表示未发生土地流转。

通常采用 logit 变换，将模型转化为线性模型，采用事件发生的概率与未发生的概率之比的自然对数形式，即：

$$\text{logit}(P) = \text{Ln}\left(\frac{P}{1-p}\right) = \text{Ln}\left(\frac{\frac{1}{1+\exp[-(\beta_0+\beta_1\chi_1+\cdots+\beta_m\chi_m)]}}{1-\frac{1}{1+\exp[-(\beta_0+\beta_1\chi_1+\cdots+\beta_m\chi_m)]}}\right)$$

$$= \text{Ln}[\exp(\beta_0+\beta_1\chi_1+\cdots+\beta_m\chi_m)] = \beta_0+\beta_1\chi_1+\cdots+\beta_m\chi_m = y$$

2. 参数估计

通常采用最大似然估计（Maximum Likeli - hood Estimate，MLE）估计回归系数 $\beta_j$，同时得到回归系数的标准误 $SE$。根据最大似然原理，参数的估计值应该使得现有样本在一次抽样中发生的概率达到最大，即似然函数取值最大。回归模型中参数的意义：$\beta_0$（常数项）：所有影响因素均为 0 时（记作 $X=0$），个体发生事件概率与不发生事件的概率之比的自然对数值；$\beta_j$：某影响因素 $\chi_j$ 改变一个单位时，个体发生事件概率与不发生事件的概率之比的自然对数变化值。

（二）模型检验

1. 回归方程整体显著性检验

回归方程的显著性检验目的是检验输入变量对 logit $P$ 的线性关系是否显著。零假设是：各回归系数同时为 0，输入变量全体与 logit($P$) 的线性关系不显著。

检验的基本思路是：如果方程中的某输入变量对 logit $P$ 的线性解释是显著的，那么加入该变量必然使回归方程对样本的拟合程度得到显著提高。可采用对数似然比测度拟合程度是否有了提高。

设输入变量 $\chi_i$ 未引入回归方程前的对数似然函数为 $LL$，引入回归方程后的对数似然函数为 $LL_{x_i}$，则对数似然比为 $\frac{LL}{LL_{x_i}}$。若 $\frac{LL}{LL_{x_i}}$ 与 1 无显著差异，说明引入变量 $\chi_i$ 后，输入变量全体对 logit($P$) 的线性解释无显著改善；若 $\frac{LL}{LL_{x_i}}$ 远远大于 1，则说明引入变量 $\chi_i$ 后，输入变量全体与 logit($P$) 之间的线性关系仍显著。

依照统计推断的思想，此时应关注对数似然比的分布。但由于对数似然比的分布是未知的，通常采用 $-\log\left(\frac{L}{L_{x_i}}\right)^2$。$-\log\left(\frac{L}{L_{x_i}}\right)^2$ 近似服从卡方分布，也称为似然比卡方。于是有：

$$-\log\left(\frac{L}{L_{x_i}}\right)^2 = -2\log\left(\frac{L}{L_{x_i}}\right) = -2\log(L) - [-2\log(L_{x_i})] = -2LL - (-2LL_{x_i})$$

它反映了输入变量 $\chi_i$ 引入回归方程前后对数似然函数的变化程度，该值越大表明输入变量 $\chi_i$ 的引入越有意义。

进一步，若似然比卡方观测值的相伴概率小于给定的显著性水平 $\alpha$，则拒绝原假设，认为目前方程的所有回归系数不同时为零，即输入变量至少有一个与 logit($P$) 之间的线性关系显著；反之，认为目前方程的所有回归系数同时为零，输入变量全体与 logit $P$ 之间的线性关系不显著。

2. 单个输入变量的显著性检验

其目的是检验方程中每一个输入变量是否与 logit($P$) 有显著的线性关系，对解释 logit($P$) 是否有重要贡献。原假设是 $\beta_i = 0$，即某回归系数与零无显著差异，相应的输入变量与 logit $P$ 之间的线性关系不显著。常用检验统计量是 Wald 统计量，其定义为：

$$Wald_i\left(\frac{\beta_i}{S_{\beta_i}}\right)^2$$

其中，$\beta_i$ 是回归系数，$S_{\beta_i}$ 是回归系数对应的标准误差。Wald 检验统计量近似服从卡方分布。

若某输入变量 $Wald_i$ 观测值的相伴概率小于给定的显著性水平 $\alpha$，则拒绝零假设，认为该输入变量的回归系数与零有显著差异，该输入变量与 logit $P$ 之间的线性关系显著，应作为重要变量保留在方程中；反之，认为该输入变量的回归系数与零无显著差异，该输入变量与 logit $P$ 之间的线性关系不显著，应移出回归方程。

3. 回归方程的拟合优度检验

在 Logistic 回归分析中，可以从两大方面考察模型的拟合优度。第一，回归方程能够解释输出变量变差的程度，如果输出变量的绝大部分变差可以通过回归方程解释，则说明回归方程拟合优度高，反之说明拟合优度低。第二，根据回归方程计算出的预测值与实际值之间吻合的程度，即方程的总体错判率来判断。错判率越低则说明拟合优度越高，反之说明拟合优度越低。常用的指标有以下四个：

（1）Cox & Snell $R^2$ 统计量。

Cox & Snell $R^2$ 与一般线性回归分析中的 $R^2$ 有相似之处，用来反映回归方程对输出变量变差解释程度的大小。该统计量的形式为：

$$\text{Cox \& Snell } R^2 = 1 - \left[\frac{LnL_0}{LnL_k}\right]^{\frac{2}{n}}$$

其中，$LnL_0$ 为方程中只包含常数项时的对数似然值，$LnL_k$ 为当前回归方程的对数似然值，$n$ 为样本量。由于 Cox & Snell $R^2$ 取值范围不易确定，因此使用时不方便，通常修正为 Nagelkerke $R^2$。

（2）Nagelkerke $R^2$ 统计量。

Nagelkerke $R^2$ 是修正的 Cox & Snell $R^2$，也用来反映回归方程对输出变量变差的解释程度。其统计量形式为：

$$\text{Nagelkerke } R^2 = \frac{\text{Cox \& Snell } R^2}{1 - (LnL_0)^{\frac{2}{n}}}$$

Nagelkerke $R^2$ 的取值范围在 0—1。该统计量的值越接近于 1，说明回归方程的拟合优度越高；越接近于 0，说明回归方程的拟合优度越低。

（3）错判矩阵。

错判矩阵是反映拟合优度的第二种方法，也是一种极为直观的评价模型优劣的方法，通过矩阵形式展示回归方程预测值与实际观测值的吻合程度。错判矩阵的一般形式见表 6-4。

表 6-4 中的数据是在对学习集样本数据进行回归分析后，进行统计与计算得到。其中，$f_{11}$ 是实际值为 0、预测值也为 0 的个数；$f_{12}$ 是实际值为 0、预测值为 1 的个数；$f_{21}$ 是实际值为 1、预测值为 0 的个数；$f_{22}$ 是实际值为 1、预测值也为 1 的个数。通过各栏中计算出的正确率就可以评价模型拟合的优劣程度，正确率越高意味着模型拟合程度越好。

表 6-4　　　　　　　　　　　错判矩阵的一般形式

| | | 预测值 | | |
|---|---|---|---|---|
| | | 0 | 1 | 正确率 |
| 实际值 | 0 | $f_{11}$ | $f_{12}$ | $\dfrac{f_{11}}{f_{11}+f_{12}}$ |
| | 1 | $f_{21}$ | $f_{22}$ | $\dfrac{f_{22}}{f_{21}+f_{22}}$ |
| | 总体正确率 | | | $\dfrac{f_{11}+f_{22}}{f_{11}+f_{12}+f_{21}+f_{22}}$ |

(4) Hosmer - Lemeshow 统计量。

Hosmer - Lemeshow 统计量是判断回归方程拟合优度的又一种方法，是属于第二种类型的检验方法。其设计思想为：Logistic 回归方程给出的是输入变量取值条件下，输出变量取 1 的概率值。如果模型拟合效果较好，则应给实际值为 1 的样本以高的预测值，给实际值为 0 的样本以低的预测值。于是，根据预测值的大小将所有样本分为 $n$ 组（通常为 10 组或近似 10 组），生成交叉列联表。计算表中各单元格中的期望频数，并计算列联表的卡方统计量，这里即为 Hosmer - Lemeshow 统计量，它服从 $n-2$ 个自由度的卡方分布。若 Hosmer - Lemeshow 统计量的相伴概率小于给定的显著性水平 $\alpha$，则拒绝零假设，即各组的划分与输出变量的实际取值相关，意味着模型的拟合效果较高；反之，各组的划分与输出变量的实际取值不相关，意味着模型的拟合效果较低。

## 二　Logistic 模型实证分析

(一) 模型变量选取及参数设置

因变量 $Y$ 是一个分类变量，可以为二分变量，也可以为多分变量。在研究土地流转中，我们设定 $Y$ 为二分变量："1" 代表土地发生流转，"0" 代表土地未发生流转。在研究土地转入转出时，我们设定 $Y$ 为多分变量："1" 代表土地转出，"2" 代表土地转入，"0" 代表土地未发生流转。自变量 $X_1$，$X_2$，$\cdots$，$X_m$ 可以是二分变量、多分变量、连续变量和有序变量。这里，我们是根据神经网络所得到的变量重要性的大小来选取变量的。我们人为选取权重大于 0.025 的 17 个自变量,由于家庭结构和劳动力最高文化程度是多分变量,我们将其作为两个分类协变量加入到模型中。因此,选入模型的 12 个自变量为:期初实际经营耕地、机播面积、机耕面积、生产性固定资产原值、期初实际经营园地、机电灌溉面积、机收面积、是否参加新型农村合作医疗、是否参加专业性合作经济组织、是否领取最低生活保障、家庭结构和劳动力文化程度。

变量筛选方法有强制进入法(Enter)、向前筛选法(Forwards)、向后筛选法(Backwards)。二项 Logistic 我们用的是向前筛选法(Forwards),即依次选择使模型的对数似然值最大且通过统计显著性检验的输入变量进入方程。多项 Logistic 我们用的是强制进入法(Enter),并从中选取显著性的输入变量。

(二)Binary Logistic 模型结果分析

对土地流转做 logit 回归,结果如下:

1. 回归模型显著性检验

由模型系数的综合检验可知:模型(Model)的 $\chi^2$ 值为 76.991,相伴概率 P = 0.000,小于 5% 的显著水平,因此拒绝零假设,表明模型中所有回归系数不同时为零,模型整体上是有效的。即选入模型的 12 个自变量与因变量土地流转的 Logistic 回归方程有统计学意义。

表 6-5  模型系数检验

| | $\chi^2$ | df | Sig. |
|---|---|---|---|
| Step | 7.232 | 1 | 0.007 |
| Block | 76.991 | 7 | 0.000 |
| 模型 | 76.991 | 6 | 0.000 |

2. 拟合优度检验

由于在大样本数据情况下,Cox & Snell R Square 及 Nagelkerke R Square 值都偏小,不能够反映出模型的拟合优度,因此我们同时采用 Hosmer - Lemeshow 检验,由于它的 $\chi^2$ 值为 18.256,相伴概率 P = 0.003 小于 5% 的显著水平,因此拒绝零假设,表明模型具有较好的拟合度。

表6-6　　　　　　　　　模型汇总

| Step | -2Log Likelihood | Cox&Snell R Square | Nagelkerke R Square |
|---|---|---|---|
| 8 | 2450.070ª | 0.034 | 0.050 |

注：a. 经过6次叠代之后估计停止，因为此时参数估计值的改变小于0.000。

表6-7　　　　　　　　**Hosmer – Lemeshow 检验**

| Step | $\chi^2$ | df | Sig. |
|---|---|---|---|
| 8 | 18.256 | 5 | 0.003 |

表6-8　　　　　　　　　分类表格

| 实际值 | | 预测值 | | |
|---|---|---|---|---|
| | | 土地流转 | | 正确率（%） |
| | | 0 | 1 | |
| 土地流转 | 0 | 1640 | 11 | 99.3 |
| | 1 | 550 | 19 | 3.3 |
| Overall percentage | | | | 74.7 |

注：以0.500为临界值。

由错判矩阵可知：如果预测概率值大于0.5，则输出变量的分类预测值为1，小于0.5为0；在实际没有发生土地流转的1651户农户中，模型正确识别了1640人，识别错误了11人，正确率达到99.3%；在实际发生土地流转的569户农户中，模型正确识别了19人，识别错误了550人，正确率为3.3%，模型总的预测正确率为74.7%。同样表明，模型拟合得较好。

3. 模型参数显著性检验

由于我们选用的是向前筛选法（forwards），即依次选择使模型的对数似然值最大且通过统计显著性检验的输入变量进入方程。该过程反复进行直到没有输入变量可进入回归方程为止。因此，从理论上讲，选进模型的自变量均为显著变量。由表6-9可知：常量及期初实际经营园地、机耕面积、机播面积、机收面积、机电灌溉面积、是否参加新型农村合作医疗、是否领取最低生活保障7个自变量的相伴概率P均小于5%的显著水平，因此拒绝零假设，说明这些自变量对土地流转均有显著影响。

表6-9　　　　　　　　　　向前筛选变量

| | B | S. E. | Wald | df | Sig. | Exp（B） |
|---|---|---|---|---|---|---|
| 期初实际经营园地 | 1.460 | 0.450 | 10.499 | 1 | 0.001 | 4.305 |
| 机耕面积 | -2.273 | 0.939 | 5.864 | 1 | 0.015 | 0.103 |
| 机播面积 | 3.324 | 1.095 | 9.226 | 1 | 0.002 | 27.782 |
| 机收面积 | -7.006 | 1.195 | 34.372 | 1 | 0.000 | 0.001 |
| 机电灌溉面积 | 2.721 | 0.875 | 9.662 | 1 | 0.002 | 15.200 |
| 是否参加新型农村合作医疗 | -1.230 | 0.532 | 5.337 | 1 | 0.021 | 0.292 |
| 是否领取最低生活保障 | -0.362 | 0.173 | 4.361 | 1 | 0.037 | 0.696 |
| 常量 | -0.588 | 0.165 | 12.677 | 1 | 0.000 | 0.556 |

注：第7步引入的变量为机耕面积。

因此，可以得到土地流转的 logit 模型为：

$$\text{logit } P = -0.588 + 1.46\chi_1 - 2.273\chi_2 + 3.324\chi_3 - 7.006\chi_4 + 2.721\chi_5 - 1.23\chi_6 - 0.362\chi_7$$

其中，$\chi_1$ 表示期初实际经营园地，$\chi_2$ 表示机耕面积，$\chi_3$ 表示机播面积，$\chi_4$ 表示机收面积，$\chi_5$ 表示机电灌溉面积，$\chi_6$ 表示参加新型农村合作医疗，$\chi_7$ 表示领取最低生活保障。

（三）Multinomial Logistic 模型结果分析

对土地转入转出做 logit 模型，结果如下：

1. 回归模型显著性检验

由模型拟合信息可知：最终模型和只含常数项的模型的对数似然值分别为2.451E3、2.602E3，似然比卡方值为151.127，其相伴概率为P=0.000，远小于5%的显著水平，因此拒绝零假设，认为最终模型要优于只含截距的模型,说明模型中的所有回归系数不同时为零,模型有意义。

表 6-10　　　　　　　　　　模型拟合信息

| 模型 | Model Fitting Criteria | Likelihood Ratio Tests | | |
|---|---|---|---|---|
| | -2Log Likelihood | $\chi^2$ | df | Sig. |
| Intercept Only | 2.602E3 | | | |
| Final | 2.451E3 | 151.127 | 18 | 0.000 |

2. 拟合优度检验

由拟合度可知:Pearson $\chi^2$ 及偏差 $\chi^2$ 分别为 3388.273 及 2271.358,相伴概率分别为 0.872 和 1.000,均大于 5% 的显著水平,表明没有足够的证据断定模型未与数据充分拟合,即多项 Logistic 回归是合适的。

表 6-11　　　　　　　　　　拟合度

| | $\chi^2$ | df | Sig. |
|---|---|---|---|
| Pearson | 3388.273 | 3116 | 0.872 |
| Deviance | 2271.358 | 3116 | 1.000 |

表 6-12　　　　　　　　　　伪卡方检验

| Cox and Snell | Nagelkerke | McFadden |
|---|---|---|
| 0.066 | 0.089 | 0.050 |

伪卡方检验中,Cox and Snell、Nagelkerke、McFadden 检验是回归方程的拟合优度检验。在大样本数据情况下,Cox and Snell、Nagelkerke、McFadden 值都偏小,不能够准确反映出模型的拟合优度,因此,我们姑且认为模型的拟合度可以。

### 3. 模型参数显著性检验

（1）似然比检验。

由表 6-13 可知，加入模型的自变量——期初实际经营耕地、期初实际经营园地、机耕面积、机播面积、机收面积、机电灌溉面积、是否参加专业性合作经济组织、是否参加新型农村合作医疗、是否领取最低生活保障的相伴概率均小于 5%，即均通过似然比检验，认为这些自变量对回归方程均有统计学意义。

表 6-13　　　　　　　　　　似然比检验

| 因素 | Model Fitting Criteria | Likelihood Ratio Tests | | |
|---|---|---|---|---|
| | −2Log Likelihood | $\chi^2$ | df | Sig. |
| 常量 | 2.504E3 | 53.084 | 2 | 0.000 |
| 期初实际经营耕地 | 2.473E3 | 21.463 | 2 | 0.000 |
| 期初实际经营园地 | 2.463E3 | 11.729 | 2 | 0.003 |
| 机耕面积 | 2.463E3 | 11.573 | 2 | 0.003 |
| 机播面积 | 2.463E3 | 11.659 | 2 | 0.003 |
| 机收面积 | 2.488E3 | 36.626 | 2 | 0.000 |
| 机电灌溉面积 | 2.463E3 | 11.587 | 2 | 0.003 |
| 是否参加专业性合作经济组织 | 2.467E3 | 16.022 | 2 | 0.000 |
| 是否参加新型农村合作医疗 | 2.461E3 | 10.232 | 2 | 0.006 |
| 是否领取最低生活保障 | 2.460E3 | 8.504 | 2 | 0.014 |

（2）Wald 检验及参数估计。

由表 6-14 可知：在土地转出方面，常量及期初实际经营耕地、期初实际经营园地、机耕面积、机收面积、机电灌溉面积、是否领取最低生活保障这 6 个自变量的相伴概率均小于 5% 的显著性水平，即均通过 Wald 检验，说明这些变量对土地转出有显著影响。

因此，可以得到土地转出的 logit 模型为：

$$\text{logit } P = -2.250 + 3.007\chi_1 + 1.411\chi_2 - 3.684\chi_3 - 7.381\chi_4 + 3.818\chi_5 + 0.578\chi_6$$

## 第六章 基于截面调查数据的西部地区农户土地流转行为分析

表6-14 模型参数估计

| 转出转入[a] | | B | 标准差 | Wald | Sig. | Exp(B) | 95% Confidence Interval for Exp(B) 下限 | 95% Confidence Interval for Exp(B) 上限 |
|---|---|---|---|---|---|---|---|---|
| 1.00 | (常量) | -2.250 | 0.747 | 9.058 | 0.003 | | | |
| | 期初实际经营耕地 | 3.077 | 0.699 | 19.352 | 0.000 | 21.690 | 5.507 | 85.431 |
| | 期初实际经营园地 | 1.411 | 0.479 | 8.685 | 0.003 | 4.099 | 1.604 | 10.477 |
| | 机耕面积 | -3.684 | 1.296 | 8.080 | 0.004 | 0.025 | 0.002 | 0.319 |
| | 机播面积 | 0.836 | 1.839 | 0.207 | 0.649 | 2.308 | 0.063 | 84.862 |
| | 机收面积 | -7.381 | 2.153 | 11.749 | 0.001 | 0.001 | 9.157E-6 | 0.042 |
| | 机电灌溉面积 | 3.818 | 1.350 | 7.999 | 0.005 | 45.516 | 3.229 | 641.633 |
| | 是否参加专业性合作经济组织 | -20.938 | 0.000 | | | 8.065E-10 | 8.065E-10 | 8.065E-10 |
| | 是否参加新型农村合作医疗 | 0.338 | 0.751 | 0.202 | 0.653 | 1.402 | 0.322 | 6.110 |
| | 是否领取最低生活保障 | 0.578 | 0.214 | 7.277 | 0.007 | 1.782 | 1.171 | 2.713 |
| 2.00 | (常量) | -4.457 | 1.084 | 16.917 | 0.000 | | | |
| | 期初实际经营耕地 | -1.073 | 1.432 | 0.561 | 0.454 | 0.342 | 0.021 | 5.662 |
| | 期初实际经营园地 | -1.033 | 0.731 | 1.994 | 0.158 | 0.356 | 0.085 | 1.493 |
| | 机耕面积 | -1.209 | 1.487 | 0.661 | 0.416 | 0.299 | 0.016 | 5.505 |
| | 机播面积 | 4.563 | 1.465 | 9.701 | 0.002 | 95.829 | 5.428 | 1691.946 |
| | 机收面积 | -7.325 | 1.586 | 21.324 | 0.000 | 0.001 | 2.942E-5 | 0.015 |
| | 机电灌溉面积 | 2.628 | 1.062 | 6.120 | 0.013 | 13.846 | 1.726 | 111.063 |
| | 是否参加专业性合作经济组织 | 1.138 | 0.416 | 7.493 | 0.006 | 3.120 | 1.381 | 7.046 |
| | 是否参加新型农村合作医疗 | 2.510 | 1.074 | 5.458 | 0.019 | 12.308 | 1.498 | 101.112 |
| | 是否领取最低生活保障 | 0.448 | 0.257 | 3.045 | 0.081 | 1.566 | 0.946 | 2.591 |

注：a. 基础状态为0。

其中，$\chi_1$ 表示期初实际经营耕地，$\chi_2$ 表示期初实际经营园地，$\chi_3$ 表示机耕面积，$\chi_4$ 表示机收面积，$\chi_5$ 表示机电灌溉面积，$\chi_6$ 表示是否领取最低生活保障。

在土地转入方面，常量及机播面积、机收面积、机电灌溉面积、是否参加专业性合作经济组织、是否参加新型农村合作医疗这5个自变量的相伴概率均小于5%的显著性水平，即均通过 Wald 检验，说明这些变量对土地转入有显著影响。

因此，可以得到土地转入的 logit 模型为：

$$\text{logit } P = -4.457 + 4.563\chi_1 - 7.325\chi_2 + 2.628\chi_3 + 1.138\chi_4 + 2.51\chi_5$$

其中，$\chi_1$ 表示机播面积，$\chi_2$ 表示机收面积，$\chi_3$ 表示机电灌溉面积，$\chi_4$ 表示是否参加专业性合作经济组织，$\chi_5$ 表示是否参加新型农村合作医疗。

4. 结论

（1）期初实际经营土地（耕地、园地）面积对土地流转具有显著性影响。

从多项 Logistic 模型来看，对于土地转出，期初实际经营耕地和期初实际经营园地两个变量均通过了显著性检验，且系数值为正，说明期初实际经营土地（耕地、园地）面积越大，转出土地的概率越高，而这两个变量对土地转入的影响并不大，未通过显著性检验。这说明，在耕地、园地集中的地区，农户有很好的土地流转意愿，西部地区政府应该在这些地区大力宣传和引导农户进行规范化土地流转。在其他类型土地集中地区（如山区等），农民土地流转行为不活跃，政府应该积极主动创新土地流转模式，挖掘地方经济特色，探寻、引入适合地方经济的农业特色项目，促进这些地区的土地流转。

（2）农业生产技术应用（机耕面积、机播面积、机收面积、机电灌溉面积）对土地流转具有显著性影响。

在二项 Logistic 模型中，机耕面积、机播面积、机收面积、机电灌溉面积四个变量均通过了显著性检验。在多项 Logistic 模型中，这四个变量无论对于土地转出还是土地转入，基本也都通过了显著性检验。表明农业生产技术应用整体而言对土地流转的影响比较大。因为规模耕作对农业生产技术要求较高,因此,农业生产技术应用对土地流转的影响显著。

(3) 是否领取最低生活保障对土地转出具有显著性影响。

领取最低生活保障,农民就可以从依靠土地生活以及养老的束缚中解脱出来,即使将土地承包经营权流转出去,不再耕作,也能维持最基本的生活,因此可能增加土地转出的概率。从三项 Logistic 的模型中也可看出,对于土地转出,领取最低生活保障这一变量通过显著性检验,而且其系数值是 0.578,说明领取最低生活保障与土地转出正相关。因此,加强西部地区农民各项保障措施的推广及普及,有利于提高西部地区的土地流转率。

(4) 是否参加专业性合作经济组织对土地转入具有显著性影响。

专业性合作经济组织是指农村住户中参加当地的农协会或者其他专业性合作组织。在三项 Logistic 转入模型中,该变量通过了显著性检验,且其系数值是 1.138,说明参加专业性合作经济组织与土地转入正相关。农户参加农协会或其他专业性合作组织,其农业技术将会改进,提高耕作产量及效益,同时也可能促进农地规模化经营。因此,在西部地区土地流转措施中,鼓励并扶植各种农业专业性合作经济组织也是加快西部地区土地流转的途径之一。

# 第七章　西部地区农村土地流转个案剖析

本章将选择几个土地流转较为成功的案例，连续进行跟踪检测，跟踪其土地流转的规模、组织机制及绩效。本次选取的连续跟踪案例共3个，1个是国家级农业示范区项目——杨凌农业高新技术产业示范区，另外2项是西部地区利用世界银行贷款支持的农业科技项目，涉及不同农村合作组织形式下的土地流转。

所选择的个案中，杨凌农业高新技术产业示范区是国家三大国家级农业高新技术产业示范区之一，其宗旨是构建产学研紧密结合平台，提升技术创新、成果产出、集成应用和对外科技服务能力，着力破解"三农"发展难题，为我国现代农业发展探索新路。

本章还选取了陕西2个建设较好的世界银行贷款支持的农业科技项目，即陕西铜川市耀州区酿酒葡萄产业基地项目和公权苹果项目。利用世界银行贷款农业科技项目的目标是：发展集约农业和高效农业，达到企业增效、农户增收，提高农业综合效益的目的。提高农业高新技术推广的转化效率，加快优良品种、高新技术和先进适用技术的推广，提高农业科技对经济增长的贡献率；培育优势特色产业，优化项目区农业生产结构和农业资源配置，提高农业综合效益，增加农民收入；建设一批有影响的、具有科技成果示范及推广作用的龙头企业及基地。对项目实施中的进展及绩效进行连续跟踪监测。2个农业项目涉及不同的农村合作经济组织形式及土地流转方式，通过对项目实施进展的连续监测，探寻农村不同合作经济组织形式及不同的土地流转的绩效。西部地区农户信息闭塞、收入低下、种植水平低下、商品意识淡薄、土地流转的主动意愿不强烈，因此，增加农民收入，首先要提高农户的经济意识、盘活土地，使得土地向产出效益高的种植品种及种植能手方向流动。通过对 2 个项目的连续跟踪监测，总结其中的经验和教训。

# 第一节　陕西铜川市耀州区酿酒葡萄产业基地土地流转设计与绩效分析

耀州区酿酒葡萄产业基地建设项目是陕西利用世界银行贷款的农业科技项目之一，项目承建单位是铜川市耀州区李华葡萄酒有限责任公司，第三方铜川市耀州区酿酒葡萄农民协会，项目技术依托单位是西北农林科技大学葡萄酒学院；项目管理单位是铜川市耀州区农业综合开发办公室；项目总投资为 999.1 万元，其中：世行贷款（中央财政资金）400 万元（以实际报账数字为准）。省（市、县）财政配套资金 200 万元，自筹资金 399.1 万元。世行贷款和地方财政配套资金实行有无偿比例 20%：80% 的政策，项目承建单位负责偿还项目财政有偿资金，50% 以上的财政无偿资金投向农户。

该项目的建设目标是：建设酿酒葡萄基地，组建葡萄种植合作社，发展优质酿酒葡萄生产，扶持弱势农户、带动小农户参与酿酒葡萄种植，增加农民收入。项目建设内容主要包括：①3000 亩酿酒葡萄基地建设。治理及改良土地 3000 亩，栽植建园 3000 亩。②建立和完善配套设施。购置培训器材、土壤检测仪器及农技服务车 1 辆，建设占地 500 平方米的技术培训中心，修建生产道路 5 千米，修建看护房 420 平方米，修建厕所 60 平方米，建设节水灌溉工程 1 座，配套和安装各类高、低压管道 19500 米。闫家岭相邻的西沟泉水及安里东沟河水长年不断，水量都很丰富，经调查测算，水源可满足示范园灌溉用水要求，只需修建一座扬程为 85 米的三寸抽水泵站，即可引水上塬。采用低压管道进行灌溉，需安装 DN75 高压 PVC 管道 810 米，DN75 低压 PVC 管道 2730 米，DN63 低压 PE 管道 15960 米。③培训农民 9900 人（次）。其中培训项目区农户 3600 人（次），培训非项目区农户 6300 人（次）。建设中要解决的最重要的问题是酿酒葡萄基地的土地来源问题。该项目 2008 年审批通过，2009 年开始建设，自项目开始建设之日起，本课题组对其建设过程、建设中土地流转问题及取得的绩效一直跟踪监测到 2013 年。下面对铜川葡萄及葡萄酒项目从土地流转角度进行 SCCP 模式分析。

## 一 铜川市耀州区酿酒葡萄产业基地的环境及特征（SC）分析

### （一）气候环境与生态环境

铜川市耀州区位于渭北黄土高原中部的丘陵地带，属于温暖带大陆性半干旱半湿润气候区。年平均气温在 12℃ 上下，昼夜温差大，有利于葡萄生长期浆果含糖量的增加和成熟；耀州地区 7—9 月降水较少，有利于葡萄糖分的积累和浆果的着色；耀州地区地处北纬 35°—40°，光照条件较好，葡萄属于喜光植物，对光反应敏感，耀州区的光照适合；耀州区质地以沙壤为主，土层深厚土质松软，有机质含量高，特别是钙、钾等元素含量丰富，地质条件良好，是适合酿酒葡萄优良品种生长的土壤类型。因此耀州区属于中国四大酿酒葡萄优生区之一。耀州区农业生态环境、土壤、大气、水源等均未遭受污染，农业生态环境优良，完全能达到生产绿色食品的环境要求。

### （二）有种植葡萄的传统

耀州区是国家级贫困县区，该区土地资源广阔，人均耕地 2.7 亩，由于具有种植葡萄得天独厚的气候条件，当地农民有种植葡萄的基础和积极性，耀州区葡萄种植面积达到 8000 余亩。酿酒葡萄相比其他农作物经济效益高，是农民增加收入的途径之一，但是，现有葡萄品种单一、老化，种植分散，果园管理相对落后，品质不优，增收效果不明显。不过，农民具有长期栽植葡萄的历史，积累了一定的经验。因此，因地制宜地实施酿酒葡萄基地建设项目，对推动铜川市产业结构调整，培育和壮大区域主导产业，促进当地经济发展及增加农民收入具有重要的意义。

### （三）酿酒葡萄市场前景乐观，葡萄销售有保障

葡萄酒厂是酿酒葡萄的主要市场，建设单位铜川市耀州区李华葡萄酒有限责任公司，是陕西唯一一家集葡萄种植、葡萄酒酿造和销售为一体的综合型企业。公司成立于 1997 年，1998 年开始从法国引种

试验，1999 年推广种植，2000 年开始收购榨汁，2002 年第一批原酒问世，2005 年灌装生产线建成并安装调试，2006 年"凯维"牌葡萄酒正式投产，开始走向市场，2008 年又在西安设立了销售分公司。采用先进的生产工艺，按照国际葡萄及葡萄酒组织（OIV）标准进行生产，再加上最优质的葡萄原料，保证"凯维"牌葡萄酒的独特风味和品质。主要产品有大唐葡园（渭北 1 号）、梅鹿辄、赤霞珠、凯维干红、特制干红、一品长安红等十多种极品酒、精品酒和普通酒，以满足不同层次消费者的需要。生产的"凯维"牌葡萄酒，在 2008 年荣获陕西省名牌产品，公司生产的"凯维"牌大唐葡园（渭北 1 号），被省接待办批准为省委省政府外事接待专用酒。

目前项目建设单位李华葡萄酒有限责任公司原酒年生产能力 10000 吨，葡萄酒市场产销两旺，优质原酒供不应求，这些为农民种植葡萄提供了可靠的销售渠道，消除了农民的后顾之忧，从而增加了广大农民的经济收入，可加快该区农民脱贫致富的步伐。

（四）有技术支撑

首先，项目建设单位李华葡萄酒有限责任公司具备实施项目的相关技术力量，有一批葡萄园建设及生产管理的熟练工人和技术人员；其次，项目技术依托单位是西北农林科技大学葡萄酒学院，该学院是亚洲第一所专门培养从事葡萄与葡萄酒生产、销售、教学、科研工作的高级专业人才的学院，铜川市耀州区李华葡萄酒有限责任公司在成立初期就和西北农林科技大学葡萄酒学院签订了技术合作协议书，合作期限 30 年，已形成稳固的技术合作关系。双方的合作为该项目建设奠定了坚实的基础。项目在选择、规划和建设运营过程中，始终坚持技术的科学性、先进性、实用性和示范性，充分发挥科学技术作为第一生产力的作用。

（五）有政策支持和保障

铜川市政府对土地调整的政策与原则为：政府主导、农民自愿、统一规划、统一建设、计划管理。酿酒葡萄基地的建设有良好政策支持与保障，土地权属的确定及村庄土地聚集的条件方面，统筹城乡和农村土地产权改革，内容是土地的确权。具体需明确界定所属农村耕地、山地、建设用地等农地使用权或经营权；宅基地和承包地分开、搬迁和土地流转分开，允许退出宅基地的农户保留承包地、承包地流转及自行耕种的权利。农村土地流转机制方面，政府推行因地制宜，不断探索符合实际的土地流转模式，推进规模经营；建立咨询机制和信息服务平台，实现农村土地流转的市场化运作。

（六）具有资金支持

采取多种方式，充分利用各项国家扶持项目、示范项目等，多渠道增强地方筹措资金的能力。项目在陕西及铜川市农业综合开发办公室（农发办）的支持下，由铜川市耀州区李华葡萄酒有限责任公司申请，经世界银行（世行）和国家农发办批准，多渠道资金支持下由李华葡萄酒厂承建 3000 亩的酿酒葡萄示范基地建设。该项目得到世界银行的贷款支持以及省（市、县）地方财政配套资金的支持，财政资金的支持为项目的顺利实施提供了保障。

## 二 土地流转机制设计

本项目在省（市、区）各级农综办、世行办的领导下，由铜川市耀州区李华葡萄酒有限责任公司负责实施，成立专门机构，编制实施方案，聘请专家搞好项目设计和规划。采取"公司+高校+合作社+农户"的运作模式，建立健全企业、农民协会、农户、高校（技术依托单位）的利益保障机制，保证企业、农户、技术依托单位的基本利益。项目在实施过程中，通过收购农户葡萄原料，加工销售葡萄酒以及为示范园农户提供技术服务等方式获取合理的企业利润。

第一，农户通过葡萄种植，出售葡萄原料，获取合理的利润。为保证项目农户利益，公司与示范园农户签订葡萄栽植收购合同，承诺最低保护价 2 元/公斤，产品全部收购，价格随行就市，可适当上浮。

第二，项目承建单位和项目技术依托单位（高校）通过技术指导、技术服务、技术培训及品牌葡萄酒销售等方式获取合理的收入，李华葡萄酒有限责公司与技术依托单位协商，技术依托单位占公司股份的 20%，每年按 20% 的比例分得红利。

第三，酿酒葡萄农民协会以服务于农户为宗旨，收取企业一定的管理费和农户入会费作为工作经费。本项目以农民协会为纽带，选择项目农户，制定选户标准。协会遵循"民办、民营、民受益"的原则，组织和管理酿酒葡萄基地的生产，为会员的生产经营活动提供技术、物资、供销信息等服务。协助项目企业组织实施酿酒葡萄基地建设，开展农民技术培训，协调和管理好项目农户的绿色酿酒葡萄生产和收购，监督企业执行最低保护价政策，维护广大农民的利益。企业每年按葡萄收购资金的2%提取费用，作为协会的工作经费。项目建成后基础设施产权归农民，由协会统一组织管理、使用，服务于农户。通过为企业协调农户关系、葡萄原料等服务，以及组织农户技术培训、技术宣传资料的学习等，收取企业一定的管理费和农户入会费作为工作经费。

本项目建设初期，首先启动葡萄科技示范园基础设施建设，采用"公司+高校+协会+基地+农户"产业化运营模式，建设葡萄科技示范园和葡萄种植示范园。根据项目建设规划，公司对"葡萄示范户"进行选择，并在与项目农户充分协商的基础上，签订葡萄种植收购合同，以合同形式明确双方的责、权、利，保证项目农户在实施中公平受益。同时强调在项目实施中不分男女、贫富，公司均给予同等的责、权、利，且优先考虑选择妇女和贫困户作为合作对象。

在农户选择方面，参与3000亩酿酒葡萄基地建设的农户为葡萄科技示范户，平均每户栽植葡萄2亩。对于农户的具体要求：自愿参加酿酒葡萄基地建设；家庭成员中至少有一名劳动者具备初中以上文化程度；贫困户及妇女户优先选择；贫困户标准为人均年纯收入在1800元以下；家庭主要劳动力为妇女，年龄在35—50岁；有栽植葡萄经验者优先选择；能够保证农户自筹资金及时足额到位（包括投工投劳折资）。

在土地集中方面，在国家土地流转政策的指导下，耀州葡萄酒项目3000亩酿酒葡萄基地建设中，农民通过土地置换将分散的土地集中起来，使葡萄种植基地连接成片，便于葡萄的集中种植与管理，提高了种植的科学化水平。这种方式不涉及土地征用和租赁，避免了可能出现的争议，使项目能够顺利实施。

### 三　土地流转绩效评价

（一）种植基地的建设绩效

由于有多方面的政策及资金支持，该项目于2008年4月开始建设，到2009年10月完成酿酒葡萄栽植2021.1亩（扶持1913.2亩），涉及农户973户，辐射带动项目外农户种植葡萄800亩，并对安里片区进行集中连片栽植、土壤改良及土地平整，形成了两个规模种植示范基地，而且硬化了道路，绿化了道路两侧，还解决了缺水的困难。

2009年7月，省世行办决定对铜川市耀州区李华葡萄酒有限责任公司追加262.9万元投资，加上省市配套共749.8万元，以奖励该公司在项目进展顺利和带领农民脱贫致富方面所取得的成绩，成为全省五个受追加投资奖励的项目之一。通过这次追加投资，其规模将达到总投资1739.8万元，建园5000亩，将带动2500户农户脱贫致富。截至2011年12月31日，累计完成酿酒葡萄栽植5736.9亩，辐射带动项目外农户种植葡萄1940亩，项目涉及小丘镇、柳林镇、官庄镇共计8个村2000多农户，全面超额完成世行项目的栽植任务；农民培训已经完成，达到386.97人/月（11609人次）；完成培训中心、看护房、农技服务车等9个工程包的建设；已建成800立方米蓄水池主体，水坝、配电房和水泵房；完成采购土壤检测仪器、培训器材等4个货物包。完成投资1569.792万元，完成总投资的101.92%。

项目引进的葡萄苗木在种植过程中，劳动强度小，管理简单，技术容易掌握，尤其适合妇女及年龄较大的劳动力参与；借鉴国外的先进种植技术和生产经验，通过酿酒葡萄基地的建设，有利于提高农户种植管理水平，通过规范化的培训，农民种植技术显著提高并扩大了种植面积。目前项目拥有的专职和兼职技术人员数量从初期的0个分别增加到16个和32个。在初期规划的3000亩葡萄园的基础上，截至2011年12月31日，累计完成酿酒葡萄栽植5736.9亩，全面超额完成世行栽植任务。通过企业和农户签订收购合同及保护价格，有利于该产业规模的扩大及农民收入的增加。

总之，在项目建设期，项目顺利完成了以下工作：资助项目农户引进良种葡萄苗木；资助项目农户购置架材、钎丝、葡萄专用肥、高效低残留农药及栽植建设葡萄园；为项目农户免费进行技术培训，提供产前、产中、产后技术服务；资助葡萄种植农户建设技术培训中心，购置农技服务车辆、土壤检测仪器和培训设备；资助葡萄科技示范户搞好葡萄科技示范园基础设施建设，包括机器设备的购置、技术中心灌溉及工程的建设等。

（二）示范性和带动性作用

这种模式首先通过标准化种植发挥示范作用，树立标杆，带动农户现场学习，加快标准化生产技术的扩散；其次，发挥试验作用，为新技术应用和生产标准制定与实施取得经验教训；最后保证公司的基本产品生产，降低公司自身的经营风险。

酿酒葡萄基地的建设，为栽植户提供果树修剪、水肥管理及病虫害防治技术、操作规程等技术培训，改善葡萄品质，提高优质酿酒葡萄产量，稳定葡萄销售渠道；带动1.4万山区贫困农民发展优质酿酒葡萄生产，增加农民收入；防止水土流失，减少环境污染。

（三）加快了农民技术及观念的转变

通过资助项目农户引进良种葡萄苗木，提高示范园的良种化水平；通过资助项目农户建设高标准葡萄园，为项目农户免费进行技术培训，提供产前、产中、产后技术服务，提高农户的科技素质和技术水平；通过农民协会等形式，提高示范园农民农业产业化生产的商品意识和组织化水平；"高校+公司+合作社+农户"的酿酒葡萄栽植和管理模式，通过引进世行的先进管理理念，推广了农业新技术，转化农业科技新成果，加快了现代农业的建设步伐。在创新运行机制、强化农民参与意识、关注弱势群体能力建设以及创新财政资金补贴方式等方面，积累了很多宝贵经验，取得了明显成效。合作社（协会）的产生和发展，将分散的小农户组织起来，增强了农户的市场地位，保证了农民利益，调动了农户参与项目的热情。截至2010年年底，酿酒葡萄基地已发展到11144亩，规模为陕西最大，在国内葡萄酒行业已小有名气。计划到"十二五"末，将优质酿酒葡萄基地发展到3万亩，企业年产葡萄酒3万吨，实现产值2.1亿元，创税3600万元，利润2400万元，可实现农民增收、企业增效双赢目标。

### 四　土地流转方面的经验总结

该项目在实施中以农协为企业与农户联系的纽带，采用"公司＋高校＋合作社（协会）＋农户"这种形式，通过标准化种养殖发挥示范作用，树立标杆，带动农户现场学习，加快标准化生产技术的扩散。目前主要采取两种模式：一是重点在西古庄村、开封村、王益村等村，通过深入农户，进行广泛的宣传及细致的思想工作，对愿意与不愿意栽植葡萄农户的土地进行了调换，并对土地进行了平整，形成了三个共约1080亩的规模种植示范基地；二是在示范基地的周边地区进行广泛的宣传，辐射带动周边村庄的小农户栽植良种酿酒葡萄。本项目在实施初期，由于农户对科学种植缺乏相关认识以及对公司承诺不信任，参与的积极性不是太高。农户的生产仍然采用零散的粗放式管理与种植，部分农民只顾眼前利益，果园粗放管理，任其自然发展；再加上农村有文化的村民外出打工，懂技术会管理的人减少，大部分果树长势不理想。后来公司和合作社加大对农民技术培训的力度，在1年里完成农民培训达11609人次，不断地宣传，使农户了解企业的情况，优质酿酒葡萄种植的优势以及企业对酿酒葡萄的购销情况。在世行项目的影响下，农户对土地流转带来的经济效益可见性，以及科学种植观念的认识发生了变化，农村生产方式的改变已经深入人心。自2012年开始，耀州区着手建设现代农业园区，到目前为止入园开工建设的企业已经达到19个，总计流转土地面积6000亩，涉及农户2000多人，流转户除收取土地租金外，通过在家门口打工挣得另一份收入，增收渠道进一步拓宽，致富的路子越走越宽广。其中现代农业园区入园企业的上林源葡萄庄园项目是耀州区2014年招商引资重点项目之一，该项目由陕西上林源照金生态开发有限公司投资建设，计划总投资1.2亿元，建设葡萄种植基地1000亩，项目建成后，可提供就业岗位1200余人。采用租用农户土地的方式，目前已建成了一排排一列列的望不到边际的葡萄树，工人们穿梭其间正忙着给葡萄树修剪整形、喷药，这些工人都是居住在附近的村民，由于上林源通过流转的方式租用了他们的土地，靠种植为生的他们现在的收入除了土地租金，还有劳动工资。

该项目在实施过程中，在现行的农地制度下，较好地解决了土地的流转问题，已经形成规模种植基地。总结其经验，有以下四方面：

第一，特色产业的选择是土地能顺利流转的关键。渭北高原适宜的气候条件，耀州区优良的农业生态环境、土壤、大气、水源等，达到了生产绿色酿酒葡萄需要的环境要求，并且当地农民有种植葡萄的基础和优良传统。

第二，世界银行以及各级政府的金融支持，是土地流转得以顺利进行的财力保障。目前我国的金融机构，主要是已经上市的四大国有控股银行，为了追求利润最大化，纷纷收缩农户贷款额度，而农村信用社的规模小、资产质量差，因此向农户提供的信贷资源非常有限。在资本市场尚不发达的西部地区，农村融资途径与农业经营项目单一，很难满足现代农业发展与土地规模经营的需要。铜川酿酒葡萄种植能顺利实现规模经营、顺利实现土地流转归功于各方的金融支持以及项目支持。目前西部地区规模化经营的主要瓶颈就是土地流入方资金的匮乏以及缺少合理的涉农项目支持，因此在土地实现规模化经营过程中，构建农村土地使用权的流转机制时，国家可以考虑设计一些符合西部地区现状的农业产业项目，或对已有的具有发展潜力的项目给予一定的金融扶持政策，通过项目带动土地流转、实现规模经营、增加农民收入是一种有效的路径。

第三，农村合作经济组织的发展，是土地流转中各方权益均衡的保障。在订单式农业种植生产中，实施协议合同中确定公共资金投入农户的比例，从法律上确定和约束项目实施单位、协会或合作社、农户之间的责、权、利和行为，通过投资链将三方（或多方）连接成为一个利益整体，将农户纳入到产业链和价值增值链中，真正起到带动贫困农户发展生产、脱贫致富的目的。同时通过签订协议、合同，将这种多方合作置于法定契约关系条件下，通过法律约束力保证平等互利的实现，应该是今后公共资金投入的基本方式。在项目的三方中，公司是一个成熟的法人主体，有关公司的法律制度和行为规范已经比较完善，公司的财务、制度、行为可以通过各种渠道进行监督检查，可以获得相对客观的资料，对公司进行相对客观的评价，这为选择项目建设单位奠定了基础，也为契约的签订和履行提供了保证。农户是一家一户分散生产经营的自然人主体，行为自由度大，约束有限，而且分散的农户处于产业链的低端和弱势地位，很难在合作中保护自己的利益，在公司直接与农户的合作中容易出现两方面的问题：一是项目目标不能实现，因为公司严重侵占农户的权益，农户的利益得不到保证；二是农户不遵守协议，侵占了公司权益，如市场不好的时候将产品卖给公司，享受公司的保护价格补贴，市场好的时候把产品直接卖到市场，导致公司原材料短缺，经济受损。农村合作经济组织（专业协会或合作社）是由农民共同组织起来的经济共同体，它有利于农民的组织化程度、生产的专业化水平和规模化程度的提高，促进了农业产业化发展和盈利能力。农民通过合作组织协作生产、共同经营，提高了管理经营和市场开拓能力，政府与企业通过与合作社的契约关系能够更好地实现项目任务目标。

第四，以具有实力雄厚的龙头企业作支撑，是土地流转得以顺利实现的基础。铜川市耀州区李华葡萄酒有限责任公司是陕西知名的葡萄酒生产企业，企业订单式的农业生产种植方式，为耀州酿酒葡萄的销路解决了后顾之忧，在动员农户规模种植中起到了重要作用。

## 第二节　杨凌农业高新技术产业示范区的土地流转模式剖析

杨陵区位于陕西关中平原中部，东距西安市 82 公里，西距宝鸡 86 公里，面积 94 平方公里，总人口 16 万，城市人口 8 万人。杨凌农业高新技术产业示范区（简称杨凌农业示范区）是我国三大农业示范区之一，于 1997 年 7 月由国务院批准正式成立，并纳入国家高新区管理范围。杨凌农业示范区位于杨陵西北部，通过土地流转，规划总面积 83000 亩，主要包括大寨镇、五泉镇、揉谷镇及杨村乡的一部分。规划按照农业产业化、标准化、工业化、国际化、信息化的现代农业发展思路，遵循以人为本、城乡统筹和可持续发展理念，吸纳国内外农业领域的高科技成果，建成了集示范性、效益性、展示性、规模性、生态性于一体的"一轴、一心、八园"格局。园区自建成以来，借助西北农林科技大学、杨凌职业技术学院的技术力量，积极构建产学研紧密结合平台，提升技术创新和对外科技服务能力，着力破解"三农"发展难题，为我国现代农业发展探索新路。

杨凌农业示范区围绕构建现代农业产业体系，重点在农业生产经营模式、生产质量安全控制、技术集成应用、生态循环农业发展、社会化服务保障五个方面进行了积极探索，并取得了明显成效。园区在现代农业发展方面率先探索做出示范，素有"现代农业看杨凌"之称。以"现代农业看杨凌"为目标，目前杨凌农业示范区已经建成了面积达 100 多平方公里的现代农业示范园区，集聚国内外农业新优品种 4500 多个，形成了粮油良种、苗木、蔬菜、肉牛、生猪、食用菌、花卉和经济林果八类产业，已成为现代农业示范基地。示范园区以探索现代农业新模式、新机制为重点，建立了"公司（协会）+科技人员+基地+农户"的现代农业生产模式，全面实行生产标准化，设立农业生产标准 18 项，建成了现代农业产业标准化检测检验中心和研究推广服务中心。扶持成立了农民专业合作社 216 个，形成了合作社带动农户的良好机制。不断探索土地流转模式，累计组建 34 个土地银行，加大了土地经营权流转力度，流转土地面积达到 3.8 万亩。积极探索新农村融资渠道，组建了农村商业银行，为促进土地集约化利用和现代农业规模化发展提供了资金保障。

## 一 杨陵地区产业基地的环境及特征（SC）分析

（一）自然状况

杨陵区位于"八百里秦川"的西部，杨凌农业示范区位于杨陵区西北部，属暖温带季风半湿润气候区，气候温和、四季分明、日照充沛，全年平均气温 13.0℃—13.4℃，年日照时数 2300—2900 小时；雨量充沛，年降水量 635.1—663.9 毫米。因此该区域气候、日照等条件良好，适宜多种农作物及畜禽生长。

1. 土地资源

示范区内土地相对比较平坦，地面平均坡度为 1.12%，农耕性能良好，灌溉方便，适宜农作物生长，是我国农耕文化的发祥地之一。地面土壤以黄土为主，其土层深厚，自然土壤富含钾，有机质、氮素和有效磷的含量一般，腐殖质含量低。总之，示范区土壤相对肥沃，属比较优质而宝贵的土地资源。

2. 水资源

杨陵水资源比较丰富，地下水除大肠杆菌数超标外，其余各项指标均符合饮用水水质要求，属良好型水质。多年平均水资源总量为28.7亿立方米，其中地表水占98.26%，目前仅利用约0.2亿立方米，开发利用潜力很大。地下水资源以浅水为主，占到地下水资源总量的65%以上，地下水资源开采条件较好。该区水质也相对较好，地表水适合于渔业和农田灌溉。农业示范区内水利条件优越、水资源丰富，能够满足各种植物的灌溉需要。

3. 生物资源

杨陵区生物资源的种类和数量都比较少。目前当地的专家教授不断改良和优化当地的动植物资源，并引进新品种，主要包括优质小麦、玉米、棉花、瓜果、蔬菜等农作物种子资源，高科技附属深加工产品，优质畜禽种及其高科技产品，使杨陵成为优良动植物品种的优质生物资源基地。

（二）社会经济状况

1. 园区发展

示范区区域优越，邮电通信便利、交通发达。现有2个乡（镇）政府驻地和33个自然村，总人口41803人，其中农村人口占90%以上。在农业劳动力构成中，青壮年劳动力占30%左右，但主要以外出打工或从事非农生产为主，中年妇女和老人是从事农业生产的主体。区域内人均耕地1.05亩，三次产业结构比例为49.01∶42.10∶8.89，是典型的农业区。近几年来，区域内以小麦良种繁育、设施农业、果树栽培、畜牧养殖等产业发展为重点，农村产业集约化、规模化发展日趋明显。在所有园区中，畜牧养殖场区占园区总数的69.4%，设施农业园区占园区总数的14.3%，苗圃占园区总数的10.2%，果树栽培园区占园区总数的5.1%，良种展示园区占园区总数的2%。

## 2. 农业科技发展水平

农业科技实力雄厚，是中国的农科城。杨凌农业示范区内的西北农林科技大学和杨凌职业技术学院聚集 5000 多名农业科教人才，已形成产学研一体化、农科教相结合的农业科技新格局。示范区依托高校重点实验室，组建了具有明显学科优势和区域特色的 9 个研究中心作为学校的科技创新基地，增强了科技实力，在生物技术和高新技术领域，取得了一批具有重大影响的成果，在旱作节水农业、小麦良种、家畜生殖内分泌与胚胎工程、荒漠化防治、黄土高原水土流失综合治理、园林绿化、果树园艺植物资源保护等方面的研究居全国领先水平，部分研究达到国际先进水平。目前，在示范区已建成或即将建成的项目中，有 46 项源自杨凌的科技成果，有两家企业已形成近亿元的销售额。

在雄厚农业科技水平及政策的支持下，示范区内的农业高新技术产业得到了快速的发展。示范区积极吸引国内外涉农大企业，一些具有较强实力的公司正纷纷把投资的眼光投向杨凌，如美国华盛制药的杨凌植物药项目、泰国正大集团的正大杨凌示范中心项目等。示范区在培育创新型的中小企业方面采取了一系列的政策措施，如对成熟的产业化项目设立科研成果专项资金支持，用一流的农业高科技企业和示范区创业服务中心孵化农业高科技企业，目前已孵化企业 86 家，实现进区征地和股份制改造的企业共 15 家。

### 二　土地流转运行机制

杨陵开展土地流转的动因有四点：首先，土地规模化经营及现代农业示范园区建设要求土地流转；其次，农业生产的低效益及农业劳动力的转移催生土地流转；再次，城乡统筹促发农村土地流转；最后，中央政策法律支持土地流转，政府重视推动土地流转。杨陵区在建设杨凌农业示范区的过程中，为了推行规模化、集约化的现代农业，在借鉴其他地区经验的基础上不断积极探索土地流转的模式和路径，取得了一些成功的经验。

#### （一）土地流转新方式及新路径

杨凌农业示范区所采用的土地流转方式可归为政府主导型，即是以政府主导型为主的方式开展土地流转的工作，同时兼有多主体合作的特征。杨陵的土地流转由政府发起，土地流转过程中又涉及多方主体。农民是土地流出方，种植大户、农业企业、合作社等用地单位是土地流入方；土地银行是土地流转中介机构；政府各级管理机构作为土地流转管理部门，这些多主体之间初步形成了土地流转治理网络。

在农业示范区建设规划中，已形成了集中利用土地的流转工作思路：

第一步，集中利用的土地确定是根据示范区制定的农业示范区建设规划，由村委会或村民领导小组征求农民意见，召开会议就拟流转土地相关情况进行讨论。

第二步，将欲流转地块集中到土地银行，由享有该地块承包权的农户和土地银行签订委托流转协议书。

第三步，土地银行按照园区建设要求，将集中起来的土地承租给相关种植大户、涉农企业、合作社等用地单位，并和土地受让方签订土地流转协议书。

第四步，土地受让方向土地银行支付土地租金，由土地银行将租金以地租款的形式发放给农户。

第五步，土地流转合同由乡镇人民政府负责鉴证，土地流转合同、协议及土地流转台账等资料由土地银行进行整理存档。

第六步，在土地流转中若产生土地流转纠纷，首先由土地银行调解，调解失败时由土地仲裁委员会进行仲裁。

杨凌农业示范区在土地流转实践中探索出的政府主导型的网络治理方式，兼顾了土地流转中各方主体的利益，在一定程度上既可避免政府主导型方式带来的弊端，同时也可避免盲目性、无序性的农户主导型带来的弊端，因此这种土地流转方式是一种更有益和更有效的方式。

（二）土地流转中采取三级管理体制

在土地流转的实践中，杨陵各级政府均成立了相应的土地流转管理机关，实行三级管理体制。土地流转的具体工作由村一级的村两委负责执行，包括牵头成立土地银行；对土地流转进行宣传介绍；土地银行的工作和账目的监督引导；协助土地银行处理流转纠纷等。由农经站牵头，在乡镇一级成立土地流转办公室，负责审批村一级土地银行的组建，监管及指导土地银行的工作，并接受杨陵区级政府的领导。由农业局牵头，在区级政府成立土地流转服务中心，负责为土地流转工作提供指导和全面服务。在土地流转过程中，如果流出土地的农户和用地方产生纠纷，首先由土地银行进行调解，如果调解失败，再由土地流转仲裁委员会进行仲裁。土地流转的规划管理工作，首先由杨凌农业示范区政府对现代示范园区农业建设制定规划，然后按照建设规划对规划内土地进行流转。在法制管理方面，基于国家法律法规，杨陵区政府结合地方实际制定了《杨陵区农村土地银行机构设置及主要职责》《杨陵区土地银行章程》以及《促进现代农业示范园区土地银行运行的意见（试行）》等法规及措施，使土地流转有章可循。对信息管理工作，杨陵区政府建立了包括土地流转委托协议书、土地流转合同、土地流转台账等土地流转信息档案。这种多层次、全方位的土地流转管理体系，每一个环节都渗透着政府的行政管理，因此在杨凌农业示范区土地流转的顺利开展中，政府的行政管理工作有着举足轻重的作用。

（三）土地流转中特有的流转模式及中介组织

杨陵在吸取外地土地流转的失败教训及学习借鉴成功经验的基础上，开创了适合自身实际情况的新的土地流转运行方式。首先，在政府培育、引导和扶持下，通过村民自发组建的方式成立土地流转市场中介组织——土地银行。其次，引导鼓励已有的涉农企业、合作社、种植大户等不同承包主体进驻园区，充分发展自愿互换、合并调整、企业租赁、反租倒包、入股合作等土地流转模式。土地流转模式适用的情况不同，其中，自愿互换适用于村集体组织内部农户之间的小规模土地流转；合并调整适用于村集体组织内的农户发展设施农业；企业租赁适用于以企业为主体的规模化生产经营活动；反租倒包主要针对用地单位是合作社的情况；入股合作则包括了调查摸底—成立合作社—地块出让—股份分红和股值评定—合作经营—盈利分红两种路径。在园区内反租倒包应用得最多，其次是企业租赁。杨陵区在村级组建的土地银行是土地流转中介组织，是依法成立的非营利性的自治组织，介于政府、农户、企事业单位之间，在土地流转中有着沟通、公证和监督的作用，同时负责其他土地流转具体工作的实施。

总之，杨凌农业示范区作为全国性的农业技术产业示范园区，肩负着探索现代农业发展新模式的重大使命。在土地流转工作中，杨陵区对土地流转方式及路径的创新，对管理体制的规范，以及对因地制宜的流转模式的探索和对中介组织的规范，对西部地区土地流转及农业现代化有着重要的示范、带动意义。

### 三　土地流转绩效评价

杨凌农业示范区通过组建土地银行，完成了土地流转。自首批7个土地银行在2009年1月1日挂牌，截至2011年7月，杨凌农业示范区共组建土地银行37家，涉及揉谷镇、五泉镇、大寨镇37个行政村，流转土地面积约4.2万余亩，土地流转率达到42%以上，现代农业园区的土地流转率远远高于陕西全省平均水平。园区内通过土地流转实现了土地的规模化经营，优化了土地资源配置。

土地流转提高了土地的利用率，也推进了农业规模化经营，一批种植大户、当家产业脱颖而出，达到了农民增收的目的。光明村津元菜果蔬专业合作社的生产经理张浩学，通过土地流转建成了100亩的合作社，每亩地一年租金700元，承包20年，种植的苹果树苗采取订单作业形式，已和客商签了合同，客商提供树种、嫁接，自己负责种植，树苗长大后由客商按照市场价格进行收购。

采取"公司+合作社+农户"的模式，推进了农业规模化经营，土地流转"转"出了增收好景象，实现了农民增收、企业增效的双赢。土地流转提高了土地的利用率，既可使流出农户获得固定的租金收入，农户也可通过外出务工或从事其他行业来获取收入，还可到土地受让大户或农业企业中务工来增加收入，可谓一举三得。如杨凌汇承果业技术开发有限公司除了每年按合同规定付给帅家村每户农民700元/亩的土地出让金外，还为本村农民群众提供就业岗位，由村委会统一组织富余劳动力到企业务工，企业入园建设以来，共提供就业岗位150个，并及时将劳动报酬发放到群众手中，全村群众在企业务工收入每月达到4000元以上。杨凌农业示范区农户从昔日一家人围着几亩地转，一年"刨"几千元的收入，到如今将土地租赁给村里引来的企业发展大棚果蔬，每亩700元的年租金，并成为基地员工，一手拿租金，一手领工资。如今，杨陵通过吸引社会资本进入园区，促进了农村经济发展，增加了农民增收，这些成效获得了多数农户的认可，农民真切感受着土地流转带来的增收喜悦。

### 四 土地流转方面的经验总结

杨凌农业示范区通过科技创新和体制改革，把科技优势转化为产业优势，依靠产业化带动和科技示范，推动西部地区农业实现可持续发展，总结杨凌农业示范区土地流转成功经验，有以下四点：

第一，得益于各级政府的大力支持。杨凌农业高新技术产业示范区作为中国农业高新技术产业示范区之一，由陕西直辖，并和19个中央部委共管。示范区管委会享有省级经济管理权及部分省级行政管理权，享受国家级高新技术产业开发区的各项优惠政策、国家对农业的倾斜扶持政策以及西部大开发的各项优惠政策。杨陵区按照"小政府，大服务"的原则，也建立了精干、高效的服务管理机构，为示范园区创造了良好的发展环境。

第二，政府主导与农户自愿有效结合的土地流转思路。各级政府已把土地流转作为深化农村改革、促进农村第二次创业的引擎。一方面，许多农村劳动力流向第二、第三产业，农民已有了土地流转的期望和要求；另一方面，许多有能力、有眼光的能人志士也有投资农业的愿望。应实现两者的良好对接，引导农民依法、自愿、有偿地进行土地流转，解决区内农村发展和农民增收的"灯下黑"问题。政府积极培育、引进农业产业化龙头企业，鼓励发展各类农民专业协会，推行"公司+科教人员+农户""科技+专业协会+农户"模式，建立了农产品生产、加工和销售一体化的产业化经营体系。通过实施"校村共建"，因地制宜发展设施农业、畜牧业等主导产业，使农业新技术、新产品首先在示范区内得到推广及应用。

第三，探索出一套完善的土地流转管理机制。杨凌农业示范区在土地流转中的三级管理体制在土地流转中有着举足轻重的作用。多层次全方位地对土地流转进行管理，村一级的两委会、乡镇一级成立的土地流转办公室以及区级的土地流转服务中心，各个机构在管理中分工明确、各负其责，各级机构在土地流转的宣传与引导、服务与调节、规划与指导使土地流转有序进行、有章可循。在信息管理方面建立的土地流转委托协议书、土地流转合同、土地流转台账等保障了土地流转的规范进行。

第四，土地银行成为土地流转的有效中介。示范区在各村由农民自己选举产生土地银行董事会、监事会，实行透明管理，确保农民的权益和收益。土地银行作为中介组织，在不改变农民土地使用权的基础上将分散的农户土地集中起来，在土地流转中负责与用地个人或企业直接签订合同，并以集体信用的形式为土地流转提供担保。这便消除了土地流入及流出方的顾虑，农户不再担心转让合约到期后不能回收土地，承租土地的现代农业实体（个人或企业）也不必担心合约期限内存在合约变动的风险。

## 第三节　陕西铜川苹果项目土地流转设计与绩效分析

国家把黄土高原确定为苹果优势产业带，铜川位于西北黄土高原中心地带，是我国乃至世界公认的苹果最佳优生区。但由于管理技术欠缺，绝大多数果农采用传统的化肥、农药及栽培技术，造成土壤有机质含量低，树体营养不良，果实采收过早，农药残留量超标，严重影响了"陕西苹果"的质量和品质。同时产业化体系较为薄弱，苹果生产基本是以家庭为单位。其特点是种植分散，种植经营规模小，缺乏有效的组织，很难实现标准化生产和产、供、销一体化经营，削弱了终端产品的市场竞争力。此外，龙头企业数量少、规模小、市场竞争力差，难以与果农形成经济合作，陕西省果品营销公司未能和果农真正结成经济利益共同体，缺乏稳定的出口果品生产基地，无法打入国内外高端市场。

铜川苹果项目经世行和国家农发办批准，为重点扶持的科技项目之一，项目承建单位是铜川市公权苹果专业合作社，项目总投资为2960.3万元，其中：世行贷款（中央财政资金）1345.6万元，省（市、县）财政配套资金672.8万元，自筹资金941.9万元。世行贷款和地方财政配套资金实行有无偿比例20%∶80%的政策，50%以上的财政无偿资金投向农户，项目承建单位铜川市公权苹果专业合作社负责偿还项目财政有偿资金。项目建设内容主要包括：改善10000亩果园基地的生产条件，使其符合欧盟的标准，其中3000亩符合有机认证标准；建立基层技术服务站20个和1个培训检测中心；建设3000吨冷库和分选包装设施；建立质量检测追溯系统。

该项目依托铜川市的区位和自然优势，发挥铜川市绿色食品生产技术协会在苹果产、供、销过程中与农户之间架起产业与市场对接的桥梁作用，通过采用高科技成果产品"二维码"技术，给果农建立可监控全程生产过程的产品安全追溯体系，按照《陕西有机苹果生产技术规程》，培训农民技术员，建设标准化有机苹果生态园，使其成为渭北地区乃至全国有机苹果种植的示范和样板，辐射带动有机"陕西苹果"产业的开发，实现"陕西苹果"种植有机化，技术作物标准化，协会运作规范化，果品贸易国际化，农民受益最大化，苹果产业现代化。

## 一 环境形势（SC）分析

### （一）自然区位形势

陕西铜川地处祖国内陆腹地，是我国乃至世界公认的苹果最佳优生区。铜川位于西北黄土高原中心地带，自然气候独特，地域广阔，地形多样，海拔较高，光照充足，气候凉爽，昼夜温差大，土层深厚，质地疏松，远离城市和工业区，环境污染少，对大规模开发以苹果为主的果业生产，具有得天独厚的生态条件。这里所产的苹果不仅外形美观，色泽艳丽，质脆多汁，风味浓郁，而且果实硬度高，耐藏耐运，现已成为世界公认的苹果最佳优生区，并获得国家原产地域产品保护。

铜川位于渭北各主产区中心位置，过境铁路有咸（阳）铜（川）

线、西（安）延（安）线和梅（家坪）七（里镇）线，过境公路有南北向西延高速公路、210 国道、东西向 305 省道，市政府驻地新区距西安市 80 公里，距离西安咸阳国际机场 60 公里，地方公路均可直达苹果主产乡镇和周边县城，因此，交通极为便利。

（二）政策优势

国家把黄土高原确定为苹果优势产业带，铜川位于产业带的中心；省委、省政府把果业确定为农村的重点产业，提出了"争全国第一，创世界名牌"的明确目标；市委市政府因地制宜，着眼和谐发展，在全省率先制定出台了《关于加快果业产业发展　建设果业强市的决定》，随后又相继成立了苹果主产区县果业管理局，将苹果作为全市提升壮大的五大传统产业之一，采取扎实过硬的措施，保障果区道路、电力、通信等基础设施配套到位，全力打造苹果专业村，打响果业产业牌。

（三）产业优势

铜川果业历经"七五"到"十一五"期间的发展、调整、提高，农民人均水果占有面积 2.7 亩，跃居全省之首。已经建成了西北地区最大、设施最完备、技术最先进的国家级、工厂化无毒果树苗木繁育基地，年可繁育优质无病毒苹果苗 500 万株，接穗 500 万根。以苹果为主的果品业已成为全市农村头号主导产业，果业总产值达到 6.4 亿元。全市 30 万亩苹果通过国家绿色食品基地认证，认证面积占到苹果总面积的 70% 以上，成为全省唯一的绿色果品基地市。国家商务部和联合国国际贸易中心将铜川确定为中国唯一的出口导向型鲜苹果产业发展试点基地，率先引进实施了欧洲 EUREP – GAP 标准，实现鲜果直接出口。铜川市绿色食品生产者技术协会在全省第一家以协会形式成功取得了"陕西苹果"原产地域产品保护专用标志使用权，在国内水果营销中率先建立并应用高科技二维码质量追溯体系，"公权"苹果被中国商业联合会评为全国第一个水果类"放心果盘子"产品。铜川市绿色食品生产者技术协会成功加入国际原产地委员"OriGIn"组织，成为国内第一家以苹果为主销产品加入国际地理标志组织的协会，成为全省打造"陕西苹果"品牌的一支主力军。

### （四）市场优势

"陕西苹果"已成为我国"入世"后最具国际竞争力的优势农产品之一，市场看好，前景广阔。铜川市作为陕西苹果主产地之一，依托自然资源优势，科学管理，所产苹果以其精美的外观和优质的内在品质，多次获部优、省优水果称号，在国内外市场享有较高声誉，深受消费者青睐。

同时，铜川市绿色食品生产者技术协会公权苹果专业合作社，在全国果品生产中第一家采用二维码质量管理技术，成功解决了果品上市后的质量追溯问题，为铜川苹果进入国内外高端市场创造了条件。协会严格按照 DB61/310 - 2003 标准组织果农进行苹果生产，禁止使用化肥农药。"陕西苹果"已被国家商业联合会评为"全国第一放心果盘子"。铜川苹果被北京奥组委等部门联合确定为 2008 年奥运推荐果品，同时荣获"中华名果"称号。获此殊荣，极大地抬高了铜川苹果的身价，提高了"陕西苹果"在国内外的知名度，市场前景广阔。

### （五）科技优势

项目建设单位公权苹果专业合作社与西北农林科技大学建立了长期的合作关系。西北农林科技大学是该协会的主要技术依托单位，负责国外新技术引进、示范和推广，负责有机苹果质量标准及生产技术规程的制定、基地规划、果农培训等。铜川市万亩示范基地作为西北农大的试验和教学基地，园地新技术、新品种得以首先应用。

### （六）具有先进的产品质量追溯系统

运用计算机技术建立商品流通信息网络，为入市客商提供信息和中介服务，使基地成为融人流、物流、信息流为一体的多功能综合服务实体，实现果品交易网络信息化，降低交易成本，提高物流效率。建立出口有机苹果质量可追溯体系，以原料为单元的产品流向跟踪登记记录；在将产品及其属性信息转换成电子信息的基础上，通过电子数据交换等追溯食品来源，做到符合欧美高端果品市场要求的源头可追溯、流程可跟踪、信息可查询、产品可召回。追溯办法：首先，通过果农个人向协会提出申请，为产品建立电子档案，制作"二维码"，即电子加密条形码。其次，将果农的姓名、照片、住址、苹果生长环境及生产过程中的用药、施肥、灌溉等情况,通过网络输入专门数据库。若要检验果品是否真正符合"有机苹果"生产,消费者可打开www.chinagigap.com 网页,输入"质量保证声明卡"上的15 位查询码,页面上即可显示出你所购买的地理标志产品的电子档案资料,若出现质量问题,可以起到跟踪查询、投诉的作用。

由此可见,"二维码"质量追溯技术不仅可以实现"陕西苹果"出口,还可以有效地提高果农对生产有机"陕西苹果"的作物规范程度。果品质量追溯技术是利用电子网络透明地将地理标志产品质量安全情况反映给消费者的一项技术手段,从而打破国外技术壁垒,实现地理标志产品出口国际高端市场,提高地理标志产品附加值,增加农民收入。

（七）发展良好的合作经济组织

项目实施单位铜川市绿色食品生产者技术协会公权苹果专业合作社成立于2004 年7 月,现已正式注册成为当地一所具有独立法人资格的新型农村合作经济组织。合作社实行"自主经营、民主管理、利润分红、风险共担"的原则,为会员果农生产地理标志保护产品"陕西苹果"提供产前、产中、产后的信息、技术、生产资料和产品的销售、加工、运输、贮藏等服务工作。同时,还建立健全了《组织机构》《协会章程》和《财务制度》。协会特聘李华教授等苹果种植及加工方面的专家、教授12 人,担任该合作社长期业务指导等重要工作,并与西北农大建立了长期技术合作关系。协会设立基层标准化作物工作站20 个,会员2100 人,果品加工厂1 个,果库4 座,总贮量3000 吨。协会总资产560 万元。

2004 年10 月,协会发明了溯源二维码技术并在全国果品生产中首家成功应用,解决了果品进入国际市场后遇到的无法追溯质量的绿色技术难题,为"陕西苹果"进入国际高端市场领到了"出国通行证"。

2005 年4 月,协会"公权"牌苹果被中国商业联合会评为"全国第一放心果盘子"。

2005 年6 月,协会在全国率先取得了"陕西苹果"地理标志的使用权，成为以协会为主体被国家质检总局批准使用"陕西苹果"地理标志的唯一代表。"陕西苹果"实施地理标志产品保护，这是一项与国际接轨的驰名品牌保护制度。

2005年10月，协会"公权"牌苹果被中国第三届国际农产品交易会评为全国"最佳畅销产品"。

2005年11月，被国家质检总局推荐协会成功申请加入了国际地理标志网络组织（欧瑞金OriGIn）。

同年11月，制定发布了《陕西有机苹果产地环境要求》《陕西有机苹果质量标准》和《陕西有机苹果技术操作规程》，填补了国内空白。

2006年9月6日，铜川市绿色食品生产者技术协会代表铜川参加由北京奥组委、奥科委、奥运工程指挥部、中国园艺学会、中国果品流通协会五部门联合举办的奥运推荐果品及中华名果评选活动，活动中协会"公权牌"苹果荣获一等奖，被确定为2008年奥运推荐果品，同时荣获"中华名果"称号。

全国共有20个农民专业合作社产品品牌被授予"2008中国具有影响力合作社产品品牌"称号，陕西省铜川市公权苹果专业合作社的"公权"牌苹果名列其中，是陕西唯一获此殊荣的专业合作社。

综上所述，铜川有机"陕西苹果"生产与国际市场开发项目的实施，不仅能使自然生态条件与产业资源优势得到有机结合，发挥最大化效益，而且对整个渭北果区农业实现"生产发展"，数百万果农实现"生活宽裕"，推进全市乃至渭北新农村建设将起到难以估量的作用。

## 二 土地流转运行机制

本项目在铜川市人民政府农业综合开发办公室的直接领导下，由"铜川市绿色食品生产者技术协会公权苹果专业合作社"组织实施。项目严格按照"合作社+基地+科技+农户"的农业产业化运行模式，成立专门机构，以加强项目的实施与管理。

在项目实施过程中，建立产权明晰、合作社投资、社员入股、按资按劳分配的利益分配机制，处理好合作社、社员、科技人员之间的利益分配关系。同时，为了充分发挥技术人员的作用，采用技术作价入股的方式，强化合作社与科技人员的合作。

项目在管理方面，将严格按照世行贷款农业科技项目的管理要求，由省（市、区）三级政府监管机制进行监管，相关部门具体指导，组织实施，以保证全面完成项目实施任务。项目建成后合作社将成立专门的质量监督管理机构，主要负责地理标志产品保护专用标志的使用申请、产品质量监管、市场防伪打假、法律法规宣传普及等工作。

为了控制苹果质量，合作社将制定严格的培训计划，采取分级培训的办法，对项目区的技术人员先行分期分批无偿培训，计划每年培训1000个农户，用3年时间为项目县的每一个乡镇培养2—3名技术人员。培训内容包括对土地肥力的检测技术、苹果栽培技术、苹果修剪技术、病虫害生物防治技术、苹果采摘及储藏技术等。

在冷藏、分选包装生产线管理上，冷库及分选包装生产线建成后，合作社将采用招标的方式，向社会公开招聘富有竞争力的专业技术管理人员对冷库及生产线进行管理。

### 三 土地流转绩效评价

2008—2011年，铜川市公权苹果专业合作社实施了利用世界银行贷款农业科技创新项目——铜川苹果项目，总投资2960.3万元，完成建设项目：①改造建设果园10000亩为GLOBAL – GAP标准果园；②建设基层果业技术服务站20个；③质量监控中心及培训中心建设，建设面积1300平方米；④5000吨气调库及1200平方米分选车间建设；⑤农民技术培训9600人（次）。现已形成集基地管理、果品生产、加工、贮藏、包装、运输、售后追溯等为一体的产业模式，在北京、上海已成立销售分公司；在广州、武汉、重庆、厦门、深圳、大连、哈尔滨等大中城市设立了销售网点。本项目为有机苹果专业户每户年新增产值1万元，纯利润8000元（不计人工费和沼气渣肥料费用，下同）；铜川市绿色食品生产者技术协会公权苹果专业合作社每年可新增产值6000万元，纯利润578万元；创税805万元，出口创汇300万美元。本项目的实施，在社会及生态效应方面取得了如下成果：

在社会效益方面，本项目实施后，大大提升了"陕西苹果"的国际地位。辐射带动项目区有机苹果专业户2万户，有机苹果栽植面积6.8万亩，每年向市场提供有机苹果6.8万吨；农户新增产值2.0亿元，纯利润1.6亿元。通过协会对广大果农提供信息、传授技术、指导生产、引导销售，大量农村剩余劳动力直接从事有机苹果生产，促使农民思想观念发生根本性转变，增强商品意识、诚信意识、市场意识和竞争意识。

在生态效益方面，有机"陕西苹果"产业开发，不仅能够依托本地自然资源生产有机出口果品，发挥最大的经济效益，而且更有利于建立良性生态循环经济，促进种植、养殖、加工综合生态农业的发展。

**四　土地流转方面的经验总结**

铜川市公权苹果专业合作社通过世行铜川苹果项目来发展现代果业、增加农民收入，成功实现规模经营。总结其成功经验如下：

第一，利用项目带动实现规模经营。

现代农业发展的途径之一是"项目带动，规模经营"。项目就是要选中一个要解决的关键问题，筹备一笔资金，力争解决这个问题，这样产业就会往前推进一步。首先，铜川市公权苹果专业合作社根据陕西苹果的发展和果农苹果的种植情况以及国内外市场的开发情况，寻找到了陕西苹果走向高端市场需要解决的关键问题。即陕西苹果在生产过程中，在有很好的自然资源的同时，应该在发展品质上下功夫，要解决果农的苹果技术在生产过程中的标准化问题以及在生产后的商品化问题。其次，筹集资金。铜川市公权苹果专业合作针对生产过程中的标准化问题以及生产后的商品化问题，争取了一笔世行贷款项目的资金支持，集中解决这些问题。该筹集资金的到位，解决了合作社发展中的硬件问题，按每100户500亩苹果园为单元，建设一个果业技术服务站，推广、实施10000亩欧盟有机标准生产示范果园，通过服务站向果农提供技术指导、农资供应、统防统治、果品收购等；在田间地头建设具有20吨贮藏能力的冷库，以保证田间地头苹果采摘之后可以及时遇冷保鲜；配备大型全程冷藏运输车辆，实现加工总厂千吨级冷库与技术服务站苹果存储、运输的全程冷链。合作社还引进日本高效果树立体弥雾机、割草机以及以色列先进的地埋式果园渗灌技术，在丘陵、干旱地区推广2000亩节水灌溉示范工程；引进法国果品光电分选线，实现洗选、打蜡、糖度、硬度自动检测，包装等一条龙的加工生产线；在果品进入高端市场后，又通过"二维码"质量追溯系统，可追溯每颗苹果的"原产地"，使广大消费者能吃上放心果，广大果农朋友赚到幸福钱。

第二，合作社的发展壮大为规范化、规模化农业生产提供了保障。

要做到标准化、规模化生产，首先必须提高农民组织化程度，当前按照中国的国情，解决这个问题应该是第一位的。商品进入市场后，如果没有统一的指导，农户均根据自己的模式生产，那么生产出来的产品的标准不同，不同的标准很难和市场对接。提高农民的组织化程度，就是很好地利用农民专业合作社这个组织载体，在这个组织下，参与的农户是一个庞大的组织，有可能也有条件聘请专家做国内外市场调研，聘请专家制定生产中的技术标准，这个标准制定后，合作社内部各农户共同执行此标准，生产标准统一了，生产的果品质量也就统一了，进入市场后就可以和市场对接，并形成自己的品牌。铜川市公权苹果专业合作社成立后建立了技术服务站，技术服务站依托公权苹果合作社的人才、品牌、设备、技术这些优势，对果农进行技术指导，为果农提供符合食品安全质量保障、价格低的农资农药；2010年完成了10000亩基地的中国良好农业操作规范认证，通过SGS认证机构，完成了欧盟执行的全球良好农业操作规范认证，在2013年成功申请了3000亩欧盟有机标准认证，并成功通过了SGS认证机构认证。通过认证的果园执行合作社内部制定的并已被认证机构审批的基地质量管理手册和生产标准，形成了模式化的生产管理，保证了果品的质量，果形好、糖度高。符合标准的商品果比市场平均收购价要高出30%—40%，果农收入显著增加。

第三，合作社、农户及企业的无缝对接是实现农业规模生产的有效途径。

　　产业的发展依赖于农民生产和企业配合,农民在生产的同时通过农民专业合作社这种组织机构,直接自己建加工厂、建库,参与到流通和加工领域。对接的方式就是,合作社在某种意义上扮演了企业的角色,农民扮演第一生产车间,他们的对接是一个做生产,一个做加工。铜川市公权苹果专业合作社拥有自己的实体经济——陕西公权现代果业有限公司,该公司是集高端化、现代化、产业化的有机苹果加工生产优秀示范企业。公司采用"公司+合作社+农户"产业化经营模式,经营范围:苗木繁育;粮食收购、农机植保机械销售;农经信息咨询,技术推广服务;绿色食品、有机食品生产与市场开发,生产资料研发、经销,农副产品加工与物流服务;水果及各种农副产品进出口贸易业务。"公权牌"苹果已打入北京、天津、大连、上海、哈尔滨、广州、深圳及俄罗斯和泰国等国内外高端市场,销售额不断攀升,每年以25%的速度增长,市场前景十分广阔。通过技术培训、现场指导、农资配送、咨询服务等方式,不断提高农户的果园管理水平,与农户签订苹果栽植及收购合同,实行订单农业,引导农民脱贫致富。

# 第八章 台湾地区土地流转的个案剖析

在海峡的另一边，其土地制度是世界公认的学习典范。台湾地区经历了三次土地改革，三次土地改革对台湾的产业结构及社会进步的作用及意义巨大。对台湾农地改革的路径进行剖析，对取得的经验及教训进行总结，对中国西部地区农村土地制度改革具有重要的借鉴和启示作用。

## 第一节 台湾地区农村土地改革及土地流转模式

台湾农村土地制度是以土地私有为主的一种制度，目前台湾农村90%的农户均拥有自己的土地，台湾现行的农地制度是经过以下三次土地制度改革形成的。

### 一 第一次土地改革：温和的土地改革

20世纪50年代，台湾第一次进行温和型的土地改革，土地由大地主手中流向自耕农，将土地化整为零。第一次土地改革前，台湾的土地分配严重不均，农村11.69%的地主和半地主手中集中了56.01%的耕地，土地制度极不合理；佃农受地主、半地主的剥削现象极其严重，佃农收获量的50%以上被剥削，严重时剥削率甚至高达70%—80%。为了避免严重的剥削现象引起政局的动荡，在1949年，一场较为彻底的和平渐进式的土地改革在台湾地区展开，目的是维持国民党当局在岛屿的政治统治。这次土地改革分三个阶段推进，具体如下。

第一阶段是强制性减租，实行"三七五减租"。"台湾当局"于1951年公布"耕地三七五减租条例"，条例中声明：第一，限定租额，从而减轻佃农的负担。条例规定，对佃农的地租不得超过全年主产品收获量的37.5%，高于此比例者必须减到37.5%，原约地租不及此数者依原约。第二，租用耕地一律签订书面契约，为了保障佃权的稳定性，规定租用耕地的租期必须大于5年，保证租权的稳定，提高佃农改良土地和生产的积极性。第三，佃农必须按期交纳地租，但是不需要预付地租，欠缴两年及以上地租的佃农，地主也可中止租约，以兼顾地主利益。第四，由于自然灾害等原因造成的歉收，按照习惯约定租率协议进行减租，如果收成不足二成，则地租全部减免。

第二阶段是对公地私有化，实施"公地放领"。"台湾当局"将从日本人手中接收过来的"公地"，采取出售的方式转让给农民，在出售时，对承租公地的现耕农实行优先出售，其次为雇农、承租耕地不足的佃农等。该耕地全年正产物收获量的2.5倍作为公地出售的价格，承领农户的购地款项可以分10年均等摊还，不需要负担利息，10年期满，农户就完全取得了土地的所有权。

第三阶段是平均地权，实现"耕者有其田"。"台湾当局"于1953年颁布"实施耕者有其田条例"，1954年颁布"平均地权"，条例中规定：凡是有出租耕地的地主可以保留的法定田地数额为水田2.91公顷，或旱田5.82公顷的，超过部分一律由"台湾当局"按照耕地标准产量的2.5倍计算征购耕地，征购土地补偿中，70%以实物土地债券的形式，30%以公营企业股票作为补偿。然后，"台湾当局"将征收的耕地按征收价售予现耕农、佃农或雇农，购买耕地的农民在10年内分20期付清的款，加算年息4%。

台湾第一次土地改革后，佃农因获得一定数量的土地而成为自耕农，台湾农业生产关系发生了质的变化，从以佃农为主的生产关系，转变为以自耕农为主的生产体系。台湾的自耕农分成小农（占有的土地只有1公顷以内）、中农（占有的土地为1—3公顷）及大农（占有的土地在3公顷以上），第一次土地改革以后，台湾就变成了小农经济。小农经济中，农民耕作的积极性提高，投资愿望也明显增强，同时农民在生产中深刻认识到农业技术和农业知识的重要性，因而农民自愿参与农业组织举办的农业技术培训及经营管理改善活动的积极性较高，提升了农民科学耕种的技能，从而提高了农业生产力的水平。

## 二 第二次土地改革：以农业集约化为目的的土地改革

第二次土地改革主要集中在20世纪60—80年代，以农业集约化为目的的土地改革，土地流向大佃农，土地化零为整。为了摆脱以小农经营的局限性，"台湾当局"进行了第二次土地改革，主要目的是实现农业机械化、企业化和专业化。第一次土地改革以后，达到了耕者有其田的目标，但是耕地笔数增加，耕地细碎化现象严重。为解决耕地细碎化问题，"台湾当局"修缮了"土地法"，将细碎的土地重新进行规划合并。其中"土地法"第一百三十五条规定，在台湾地区的市县地政机关，符合下面情形之一者，经上级机关批准核实，在管辖区内，可对辖区的土地施行土地重划，将区内各宗土地重新规划地界，并将细分的耕地重新交换合并。1974年制订颁布"区域计划法"，将非都市土地的使用方正式纳入管制，加强保护土地及天然资源，促进人口与产业的合理分布。1980年又明令颁布施行"农地重划条例"，保证了办理农地重划有更高法律可依。1982年进一步颁布施行了"农地重划条例施行细则"，使得此后的农地重划方有较明确且独立的法令依据，不再是之前的仅依据"土地法"及"土地重划办法"。在重划农地的区域选择方面，重划区必须满足以下具体条件：①耕地地形不适合于农事耕作或不利于排水灌溉的耕地分配者；②为了成立标准农场需要将散碎的土地交换合并者；③为了应用机械耕作，需要兴办集体农场者等情形；④为进行农地的开发或改良需要的土地；⑤缺少农路、水路，不利于农业经营耕作的区域。第二次土地改革推行的农地重划实质就是耕地的整理、转移与合并。把多处小块分散的土地集中在一起，这样利于农业耕作和管理；或者为了形成标准农场或综合利用，农民以自愿结合的形式将不规则的耕地连成一片。台湾地区第二次土地改革的背景和内容都与第一次土地改革不同，第二次土地改革是为了扩大农业经营规模，提高农业生产效率，实行了土地重划，将土地化零为整，并且"台湾当局"实施土地重划的原则是民意，土地重划方案需农民办理重划的意愿超过半数才能进行，有关办理土地重划的流程采取由下而上的执行方式，包括重划区选择、农民意愿调查、先期规划土地分配等均由地方选择报批上级部门。农地重划推动了农村基础设施建设，同时对土地实施了一系列综合性改良措施，奠定了农业现代化发展的基础。

第二次土改具体内容表现为以下几方面：

第一，重划和确认农村耕地的地块和功能。"台湾当局"于1961年，使用各种力量对农地进行重划，建立标准丘块，对区域内不符经济效益的农地加以重新规划整理。本次土地重划是台湾地区土地改革中涉及土地面积最广、历时最长的土地重划项目，使每一块农地均接近方整，并通过土地交换分合，集中农户土地，便于农机耕作及农事管理。农地重划主要办理项目为重划区内配置完善的交通设施及农业水路，使每一丘块均能直接灌溉、直接排水、直接临路，整治区域性排水、土地分配及地籍整理等。因此，本次农地重划是一项综合性的土地改良措施，全方位推动了农村基础设施建设，奠定了农业发展现代化的基础。土地重划中，大部分的重划属于水田重划，亦有为特殊因素而办理重划的，如为配合土地开垦而重划的屏东县长治乡的番子寮重划区（1966年）、三地乡阿乌区（1970年）等；花莲县寿丰乡丰坪区（1966年）因台风灾害于1983年再重划复耕；或因河川地开发配合重划者，如花莲县吉安乡木瓜溪区（1963年）、凤林镇平林区（1967年）；花莲县秀林乡秀林区（1968年）则因林班山坡地开发而办理重划；宜兰县礁溪乡礁溪区（1986年）区内甚多养殖区则采取地籍整理方式。亦有因特殊作物而重划者，如台东县高台区（1987年）因种茶及采用喷溉或滴灌方式的重划、花莲县瑞穗乡瑞穗区（1975年）的旱作灌溉、彰化县田尾乡因花卉及园艺办理的田尾特定区重划（1997年）、屏东县竹田乡凤新区（1997年）主要种植菠萝及六巷区（2002年）主要种植槟榔的旱地重划。以各县市各区重划面积平均值做比较，如表8-2所示，其中以桃园县最大，各区平均面积接近1050公顷，其次为彰化县，在653公顷；而桃园县早期（1971年以前）办理的重划区面积较大，平均为1092公顷。澎湖县因原土地面积较小及其气候、土地利用因素，重划区平均面积最小，每区约 70 公顷左右。总计早期重划区数（467 区）及面积（256164 公顷），均占所有农地重划区的 65% 以上，早期台糖公司及所有重划区各区平均面积分别为 549 公顷、303 公顷及 496 公顷，显示早期重划区面积远大于台糖重划区；然而台糖重划区的产权属同一单位，其系采用大规模经营形态，一般农地重划，所有权利分属数百位农民，且以单独经营的小规模为主，故台糖重划区丘块单位面积远大于一般农地重划区。甘蔗（蔗糖）为台湾早期农业重要的农产品之一。台糖所办理的农地重划大部分集中在 1971 年以前，且因气候及土质因素，仅在台中县以南及花莲县、台东县办理过重划。各县市中以屏东县及高雄县办理的台糖重划区的区数及面积最大，区数均为 32 区，而重划面积分别在 12078 公顷及 10294 公顷，显示糖业在台湾南部的重要性；其次为嘉南平原，合计重划面积亦接近 22000 公顷；较为特别的是都会区的高雄县、台中市及台南市所办理的农地重划均属蔗糖重划区，如表 8-2 所示；台糖重划区仅分布于台中县以南，除甘蔗的自然生长条件为主要因素外，日本殖民统治时期所推行的北稻南蔗亦为因素之一。

第二，引导小农户转业或鼓励扩大耕种面积。第二次土改的目标是将岛内 90 万农户减少到 30 万农户，从农户每户平均拥有耕地 1 公顷扩大至 3 公顷，为了达到这一目标，需要将其余 60 万农户转向非农产业，涉及大约 370 万农民。"台湾当局"为了引导小农户转业，采取的措施有：一方面，鼓励无耕种能力的自耕农出售其土地，并积极引导其转业；另一方面，通过提供贷款帮助，鼓励有耕种能力的小农户购买弃耕或厌耕的土地。"台湾当局"设立了约 25 亿新台币农地购置专项基金，对欲购买耕地的小农户实行低息贷，每户农民可贷款购买 3 公顷的耕地，每公顷耕地贷款额度为 30 万新台币，新增购的耕地可以免纳 5 年农业土地税。这些改革措施有效地推进了土地所有权的转移，减少了自耕农数量，现有自耕农的耕地面积扩大，实现了一定程度上的农业规模经营，提高了农业耕作效率。

第三，在农业生产中推广"共同经营""专业化经营"和"委托经营"三种经营模式。"共同经营"模式分三种形式：一是"合耕合营"，就是说在生产领域是合作耕种，在流通领域也是合作经营；二是"合耕分营"，即在生产领域采取合作耕种，但在经营、流通领域分开经营；三是"合营分耕"，即在流通领域是合作的，在生产领域是分开耕种。"专业化经营"就是专门经营某一种农产品，如种植粮食的专门种植粮食，专业化经营是台湾地区鼓励农业发展的模式。"委托经营"分两种形式：一种是代耕，即生产领域委托耕种，流通领域自己经营；另一种是代营，代营就是流通领域委托经营，生产领域自己耕种。

第四，实现农业生产机械化和农产品商品化。第二次土地改革的同时，"台湾当局"制订了农业机械化的规划，到20世纪80年代，台湾地区机械化程度已经达到95%以上，其中，收割、插秧及干燥机械化程度分别为95%、97%、65%，各项指标均超过原计划，水稻耕作机械化程度已达98%。

总之，第二次土地改革是土地产权集中化，促使台湾农业生产走向规模化、现代化的道路。台湾地区自1958年农地重划起，已办理的农地重划区共有786区，面积达389000多公顷（"内政部地政司"，2003），约占台湾土地面积的10.74%、耕地面积的45.65%，台湾地区的第二次土地改革，在台湾农业发展中具有非常重要的作用。第二次农地改革中，台湾地区办理农地重划的面积及区块数以云林县最高，其次为台南及嘉义等县，即集中在嘉南平原地区（陈意昌等，2002）。历年办理的重划面积中，以1962年至1971年为高峰期，十年间即办理近25万公顷（见表8-1）。

表8-1　　　　　　台湾地区办理农地重划统计

| 办理（年份） | 地区数 | 面积（公顷） | 备注 |
| --- | --- | --- | --- |
| 试办重划（1947年） | 2 | 525 | |
| 八七水灾灾区重建（1949年） | 9 | 817 | |
| 示范重划（1950年） | 11 | 3225 | |
| 十年计划重划（1951年至1960年） | 445 | 251597 | |

续表

| 办理（年份） | 地区数 | 面积（公顷） | 备注 |
|---|---|---|---|
| 农牧综合经营（1962年至1965年） | 26 | 3694 | |
| 四年经建计划（1966年至1969年） | 42 | 18647 | |
| 加速农地重划计划（1970年至1974年） | 99 | 61310 | |
| 改善农业结构提高农民所得方案（1975年至1980年） | 86 | 31066 | |
| 农业综合调整方案（1981年至1986年） | 43 | 13172 | |
| 跨世纪农业建设方案（1987年至1990年） | 16 | 3924 | |
| 新世纪农业建设方案（1991年至1994年） | 6 | 1737 | 至1992年 |
| 总计 | 785 | 389714 | |

资料来源：根据台湾"内政部地政司"相关数据整理。

　　土地重划后的效果显著，使重划后农场结构获得彻底改善。具体成效有：将分散之农地集中分配，农户耕地集中率平均达到86%，便于耕作管理；改善农业水路，节省农村劳力20%；耕地直接临路率由原来的28%增至99%，田丘直接给水和排水率，由重划前的26%增加为98%，重划后农场结构获得彻底改善。但由于工程费和农业水路用地均由农民负担，为顾及农民的负担能力及配合当时农业生产的实际需要，田间农路施设宽度仅2.5—3公尺，路面未加铺碎石级配；而并行的给排水路亦多未施设内面工或保护工，长年失修致功能受损。早期所办理的农地重划区，共有467区，面积256164公顷（见表8-2），扣除台糖及扩大都市计划区、工业区编定等尚有17万公顷需办理改善。故前"台湾省政府地政处"拟定早期农地重划区农业水路第一期更新改善计划报"行政院"核定，1988年起实施，将农路拓宽，并行的水路同时改善，促使农业机械车辆通行操作更为通畅，以适应现代农业经营与农村生活的需要，第一期十年共办理42000千公顷（数据来源"台湾省政府地政处"，1996年），第二期已办理（依前"台湾省政府地政处"所定义）于1971年以前所办理的农地重划区称的早期农地重划区。具体见表8-2。

表 8 – 2　　　台闽地区各县市重划完成统计（2003 年底）

| 县别 | 重划区数 | 早期（20世纪60年代以前）区数 | 台糖重划区数 | 重划面积（公顷） | 平均面积（公顷） | 早期（20世纪60年代以前）面积 | 早期重划比例（％） | 早期平均面积（公顷） | 台糖重划面积（公顷） | 台糖平均面积（公顷） |
|---|---|---|---|---|---|---|---|---|---|---|
| 台北县 | 1 | 1 |  | 428 | 428 | 428 | 100.0 | 428 |  |  |
| 宜兰县 | 41 | 22 |  | 22742 | 555 | 14333 | 63.0 | 652 |  |  |
| 桃园县 | 21 | 13 |  | 22090 | 1052 | 14196 | 64.3 | 1092 |  |  |
| 新竹县 | 18 | 10 |  | 8154 | 453 | 6445 | 79.0 | 645 |  |  |
| 苗栗县 | 35 | 20 |  | 12512 | 357 | 8568 | 68.5 | 428 |  |  |
| 台中县 | 29 | 23 | 11 | 14516 | 501 | 11998 | 82.7 | 522 | 1473 | 134 |
| 南投县 | 22 | 13 | 3 | 4664 | 212 | 3160 | 67.8 | 243 | 338 | 113 |
| 彰化县 | 57 | 34 | 12 | 37243 | 653 | 20988 | 56.4 | 617 | 3011 | 251 |
| 云林县 | 147 | 73 | 28 | 77175 | 525 | 40743 | 52.8 | 558 | 6848 | 245 |
| 嘉义县 | 90 | 57 | 26 | 48932 | 544 | 35635 | 72.8 | 625 | 7644 | 294 |
| 台南县 | 89 | 49 | 23 | 57432 | 645 | 38550 | 67.1 | 787 | 7352 | 320 |
| 高雄县 | 58 | 46 | 32 | 27225 | 469 | 23228 | 85.3 | 505 | 10294 | 322 |
| 屏东县 | 59 | 42 | 32 | 27895 | 473 | 19099 | 68.5 | 455 | 12078 | 377 |
| 台东县 | 44 | 29 | 5 | 11935 | 271 | 7167 | 60.1 | 247 | 1410 | 282 |
| 花莲县 | 37 | 18 | 3 | 9559 | 258 | 6308 | 66.0 | 350 | 2410 | 803 |
| 澎湖县 | 4 | 3 |  | 283 | 71 | 106 | 37.5 | 35 |  |  |
| 台中市 | 4 | 4 | 4 | 1759 | 440 | 1759 | 100.0 | 440 | 1759 | 440 |
| 台南市 | 2 | 2 | 2 | 283 | 142 | 283 | 100.0 | 142 | 283 | 142 |
| 高雄市 | 2 | 2 | 1 | 750 | 375 | 750 | 100.0 | 375 | 190 | 190 |
| 金门县 | 26 | 6 |  | 4137 | 159 | 2420 | 58.5 | 403 |  |  |
| 合计 | 786 | 467 | 182 | 389714 | 496 | 256164 | 65.7 | 549 | 55090 | 303 |

### 三　第三次土地改革：放宽条件的土地流转

第三次土地改革，是在 20 世纪 90 年代开始推动的，它主要是针对台湾农地政策与农地经营、农业经营状况提出来的农地改革。提出的背景是：台湾农地私有化政策长期以来的核心是"耕者有其田"，这种思想和理念严重制约了经济转入后工业化时代的台湾农村土地流转，以私有土地利益为唯一依靠的农户，对社区公共建设有利的农地重划不愿配合，农地重划所需的地块整理费用不愿意负担，严重影响农地重划的总体进展。现有僵化的农地政策限制了台湾土地的经营，第三次土地改革目的是打破原有土地权利转移限制，达到地尽其利。这个地尽其利最关键的一点就是，过去土地的转移只限于自耕农，土地可以转给农民，不能转给城市里的人。但是，第三次土地改革放宽了限制，土地可以转给非农业用地和城市经济建设发展所需要的用地，所以在农业经营上也有一些问题。当局2000年修订公布"农业发展条例"，并于2002年1月及2003年2月再修订公布条文。其中与农地利用、土地重划相关的措施如下：

第一，主管机关推行农地重划，应会同农业及水利等有关机关，统筹策划，配合实施。根据农业用地的自然环境、社会经济因素、技术条件及农民意愿，主管机关配合区域计划法或都市计划法土地使用分区的划定，拟订农地利用综合规划计划，建立适合当地的发展模式，对不同用途的土地采取宽严程度不同的管理方法。对重要的农业生产用地采取严格的保护措施，保障基本粮食供应安全；对次要农业生产用地放宽管理，为适应台湾全岛整体发展建设所需用地，有计划地释放出部分农地，实现地尽其利。

第二，制定奖惩与扶持办法，全面发展农村与农业建设。为确保农业生产资源的可持续利用，农业主管机关对农业用地的休耕、造林等绿色生态行为予以奖励；主管机关奖励家庭农场扩大经营规模，并帮助家庭农场筹拨资金，协助贷款或补助，扩大经营规模，可以通过组织农业产销组织、租赁耕地、委托代耕或其他经营方式进行；政府应筹拨经费改善农村生活环境，加强农村基层建设，推动农村小区的更新，提高农村医疗福利，增建休闲、文化设施，以充实现代化之农村生活环境。

第三，在农地农用的交易中，放宽农地购买者资格，20世纪90年代以前，台湾"土地法"规定："私有农地所有权之转移，其承受人以能自耕者为限，违反规定者，其所有权转移无效。"第三次土地改革中，"台湾当局"在修订土地相关规定时，以土地合理利用为前提，促进经济发展为目的，对此条款进行修订，调整私有农地所有权转移受让人必须为自耕农的限定，只要农地用途不发生改变，不再限制农地买者的农民身份，只要农民意愿超过50%，并能改善农民生活。对农地农有购买政策的重要调整，为土地流转制度的改革扫清了法律上的障碍，对引进农业以外的资金、人才与技术起到了促进作用，有利于农业就业者年轻化和农业经营者教育水平的提高，提升了农业竞争力。

第四，取缔"耕地三七五减租条例"，修订农地租赁制度，由双方当事人依契约自由原则，协商签订耕地租赁契约内容。此规定可以实现在农地价格偏高、农民无力购买土地的情况下，供需双方通过合理租赁制度来扩大经营规模，实现农业生产的规模经济，提高农业竞争力。新"农业发展条例"于2000年正式颁布，该条例使农地租赁内容与规定法制化，对已有农业发展条例及相关规定进行了调整，修正了相关农地管理政策。新"农业发展条例"将台湾地区农地政策从"农地农有"调整为"农地农用"政策，使土地政策目标由"耕者有其田"逐渐转向"地尽其利"，明确了工商企业可涉足经营农业，增强了农业竞争力。

总之，台湾地区的第三次农村土地改革不仅合并分散了零碎的土地，使之成为较大的经营单位，更新农路及改善交通，对土地改良、水力及灌排水系统的兴修等改善了农业结构，同时也注重农林业的生产及居民的生活环境，配合公共设施的加强与更新，改善了乡村地区的社会经济条件，以带动整体乡村地区的发展，解决了农地的市场化问题，顺应了经济建设的需要，农业的投资环境得到改善，农民收入得到提高，这次土地改革可被认为是适合台湾社会经济发展的"土地规模经营"新模式。其中取得的突破有两点：一是适度放开农地自由买卖的行为，在农地变更使用中，允许由以往的供给引导，转为需求引导。二是放弃全面保护农场的观点，不再要求坚持农地农用的原则。

## 第二节　台湾地区土地改革对大陆的借鉴作用

"台湾当局"经历的三次土地改革，从改变农村中农业生产关系实现耕者有其田，到农用地重划实现规模经营，再到农地市场化实现地尽其利。在三次土地改革中取得的经验与教训，对中国西部地区正在探索的土地流转模式及路径，具有重要的参考价值与启示作用。

### 一　台湾地区农村土地改革中取得的经验

纵观台湾的三次土地改革的成功，可归功于"台湾当局"对土地制度的完善和执行的重视，有效而可靠的土地制度依据、权力约束和操作引导使得土地改革较为顺利，其成功经验可归纳为：

第一，政府着手促进效率，改革中兼顾地主及佃农双方的利益，解决了公平问题。早期的土地改革中，"台湾当局"认为土地征收如果损害到地主利益，导致地主的生活得不到保证，地主必然起来反对并阻碍改革，因此为了达到耕者有其田的目标，"台湾当局"采取了地主与佃农两头兼顾的土地改革思路。在"实施耕者有其田条例"中，"台湾当局"明确规定了地主可以保留的耕地数量，以及征收耕地的补偿标准。在实际操作中，地主出租的土地不是采取无偿没收的方法，而且采取超出出租土地价格的70%发行土地债券，余下30%搭发股票来收买，"台湾当局"开放了农林、纸业、工矿、水泥四大公营公司，吸引地主土地资金投资到工业，为农村资金转做工业储蓄和投资开辟了途径，地主利益得到充分保护。因此，第一次土地改革中大部分地主给予了积极的响应，纷纷申请要求"台湾当局"征收名下多余耕地，为台湾经济制度的良好发展奠定了基础。对于征收的土地，"台湾当局"再按原来的收买价格将其放领给现耕佃农，佃农有了自己的耕地，耕种的积极性更高。第一次土地改革，使得土地的产权与所得进行了重配，农村资金的投资形态也得到了改变；台湾农业及工商业的发展同时被推动并加速发展。

第二，第二次、第三次改革中推行的农地重划方案推动了农业的规模经营及现代化。"台湾当局"运用经济手段调节重划费用分担和土地分配,通过农地重划、农地互换等方式带动传统的农业生产方式转向现代农场规模经营的方式。第一次土地改革顺利完成后,"台湾当局"放松了对土地问题和农业问题的关注,将精力转移到城市化和工业化方面,针对在城郊小土地所有者中,出现土地抛荒闲置或转卖土地给投机商的情形,"台湾当局"开始加强了农地管制,鼓励有能力耕种的农户购买土地、没有耕种能力的农户转业,实施土地重划,实现了适度规模经营。但是,农地第二次土改中的农地管制政策将农地分割和转移对象限制在农户之间,且鼓励继承,这种方式制约了土地的自由流转,农地制度的日益僵化,不能适应台湾地区当时的发展需要。"台湾当局"很快意识到农地管制政策的弊端,第三次土地改革迅速调整了农地管理办法,适度放开对土地的自由交易和流转。为了实施盘活农地使用权的租赁制度,"台湾当局"积极帮助农民团体成立土地银行等农地中介服务机构,这些农地中介机构对加速实现农地所有权与经营权的分离功不可没,促进了农地的流通与合理使用。总体而言,台湾这两次土地改革中,政府的作用是积极的,改革的效果是显著的,推动台湾农业走向了适度规模化及专业化之路。

第三,强大的农会组织与农会制度是"台湾当局"和农民进行沟通的桥梁。在台湾,有关规定明确了农民有成立农会的权利,农会组织实行的是民主选举和管理,农会机构完善,有较强的自治性强。农会以农民为主体,99%的农户都加入了农会。农会组织注重对农民素质和技能的培训与提高,同时重视对农民政治地位和权益的保护等。台湾地区强大的农会组织同时扮演着协调、沟通"台湾当局"和农民的关系的重要角色,是"台湾当局"实施农村、农业政策的重要助手。一方面,农会组织接受"台湾当局"的委托,开办各种涉农教育和生产技能培训,帮助"台湾当局"宣传推广其政策计划,并收集来自农户的意见与建议,负责将农民的愿望及心声及时向"台湾当局"反馈,作为"台湾当局"决策的参考;另一方面,农会组织还负责调解、沟通农民之间的误会与分歧,增强组织的凝聚力,促进农户与组织之间的团结和理解。因此,农会组织确立了今天台湾农民的地位的重要性，确保了农民的权利和社会其他阶层的平等性。

综观台湾的三次土改可以看出，决定土地制度变迁的成败因素在于：

第一，农业生产发展的绝对决定因素不是土地产权的形式，有利于农业生产发展的产权形式才是合理的形式。第一次土地改革中，土地产权分配成功；第二阶段的土地重划，克服土地私有形式下土地规模难以扩大的困境；第三阶段，开放农地自由买卖，实现地尽其利，但是某种程度上为"黑金政治"打开了大门。因此，土地的公有或私有只是提高农业生产力的众多手段之一，土地私有制度可以调动农民的生产积极性，也会造成土地规模狭小、生产率低下和土地投机的盛行，但土地公有制度容易滋生短期行为。只有不断探索和调整适合农业发展需要的土地政策，才能促进农业及社会和谐发展。

第二，规范土地产权的变迁，首先必须健全法制。保障在土地制度的变迁中，有法可依，有法必依。

第三，农协及农村合作经济组织在台湾农村及农业发展中扮演着重要角色。在台湾，有关规定明确了农民有成立农会的权利，99%的农户都加入了农会，强大的农会组织，完善的农会机构，是组织农民的核心，以提高农民素质、增强农民职业技能、保护农民权益和政治地位为宗旨。农协组织推广宣传"台湾当局"的政策，沟通、协调农民和"台湾当局"的关系，农会还承办针对农民展开的各项教育和农业生产培训等，农会在台湾地区农业政策和农业发展中具有不可估量的作用，农会保障了台湾农民的社会地位和权利。同时，台湾的农会制度也保障了台湾地区的土地制度顺利变革。

## 二 台湾地区农村土地改革对西部地区农地政策的借鉴作用

台湾地区农村土地改革的成功，对西部地区农地政策具有以下借鉴作用：

第一，土地政策是必须首先解决的问题，是农村其他各项政策的基础。西部地区现有的土地政策，缺乏对农业生产规模化及农业产业转型升级的促进作用，以及对农民权益的保护。具体表现在：一是现行的土地流转政策缺乏稳定性和长期性，导致西部地区土地流转缓慢，且土地流转不规范。实施调整西部地区土地流转的相关政策，探寻并构建调动西部地区农民创业积极性及退出土地经营权的积极性激励机制，促进耕地向专业大户以及专业合作经济组织集中，实现农业生产规模化。二是探索土地承包权退出激励机制及政策改革。台湾的第二次土地改革针对土地细碎化的小农经济，引导小农户转业，对有耕作能力的农户实行购买土地的激励政策，从中取得的经验值得我们借鉴。在内地，农村土地集体所有制，但是家庭承包责任制造成的土地细碎化，在探索引导部分农户向非农行业转移并推出土地承包权，对种植大户实行扩大生产规模的扶植措施时，可借鉴台湾第二次土地改革中取得的经验。三是台湾制定的一些保护农业用地的政策，保护农业用地的长期性和专用性，对于西部地区农地保护具有一定的借鉴意义。如农业用地转为非农业用地成本高昂，降低了农户转换土地用途的意愿，保证了农业用地的长期稳定性。

第二，鼓励农民专业合作经济组织发展壮大，是发展农业、提升农民各种能力的保证。解决农村和农业发展问题，夯实土地政策知识基础，还应该多方面入手。从台湾农村和农业发展的历程可以看到，在后期的农业发展中，农协及农村专业合作经济组织起到了比土地改革政策更重要的作用，推动小农生产与市场经济结合的重要、有效的途径是建立健全农民专业合作经济组织。西部地区农民专业合作组织落后于其他地区，分散的小农生产方式不能满足现代农业科技水平应用的要求，也难以实现大市场下农产品经营方式和农业资源的有效结合与利用。因此借鉴台湾地区农村及农业发展的经验，各级政府应积极探索建立适合西部地区的农民专业合作组织，对农民专业合作经济组织的发展制定出台相关扶持政策，在财政及金融方面要支持合作经济组织的生产性基础设施建设及技术引进。对人员的技术培训、农产品的销售予以政策扶持及税收优惠上的优惠。具体体现在：

一是推动农业生产经营合作化，提升农业生产经营的边际生产率。西部地区可借鉴"台湾当局"在实现农业现代化的过程中，引导农民创业，探寻地区优势产业，积极创建具有现代经营理念的各类农业合作组织，并在政策上予以扶植壮大，以农业合作化经营模式道路逐渐取代传统的小农业经营方式。蔬菜是台湾的优势产业，在发展蔬菜产业的生产合作方面，"台湾当局"采取的优惠政策和鼓励措施有：在创办蔬菜生产合作社方面，对合作社建设中需要的投入，农户只需出 1/3 的资金，其余部分由"台湾当局"提供 1/3 的贷款和 1/3 的财政补贴。农产品销售组织是台湾最基层的农民合作组织，它的特点是实施农产品的共同运销；此外，台湾近几年推动农业策略联盟的做法也值得借鉴，通过同产业或有关联的产业结盟，通过相同产业的水平扩张，将竞争且对立的关系转化为伙伴关系，以更利于共同生产和销售；将不同产业间垂直整合，以延长农业产业链，有利于发挥农业生产规模效率与技术效率。可借鉴台湾在农业科技服务方面的农业策略联盟，研发成果的推广应用方面的主要策略，具体体现在：构建台湾农业科技信息体系，建立完善的农业发展中的相关知识数据库，提升了农业生产技术、管理技术、农产品的包装技术、运销技术的推广应用。总之，台湾地区农业专业合作组织是小农经济下，突破农业发展困境的重要手段之一，各类合作组织有效克服小农经济的缺陷，提高了农业边际生产率。

二是设置农业经营专区，促进产业规模效应的措施，是西部农业发展计划及地区土地流转规划中应该非常值得借鉴的举措。农业经营专区是在一定区域采用农民自愿方式，由营运主体（农民组织或法人组织等）整合主导，农业生产区域是依据农业资源分布、生产环境及发展的需要来规划，根据市场需来实施生产、加工、贮藏和运销一条龙服务，采取共同治理的理念，实现规模优势与产量优势结合，实现共同利益。台湾农业经营专区的形成除了区位条件、农业自然资源禀赋、科学技术及市场需求等推力因素外，"台湾当局"的外力推动作用也不可忽视。"台湾当局"对农业经营专区建设中的土地使用、经营范围、环境等方面的可行性必须经过严格的申请及审核。"台湾当局"要求农业经营专区生产经营的农产品必须具有单一性，这样有利于体现区域特色和规模经营，例如蔬菜生产专区、养殖渔业生产专区等。目前在台湾已基本形成农业的经营格局，南部是蔬菜水果产业区，北部是休闲农业区，中部是食用菌和花卉产业区等。西部地区在农业发展规划中结合不同省（区）的资源、环境优势及气候特征，借鉴台湾地区推行的农业生产专区，实现资源的合理开发，突出区域农村经济比较优势，实现农业生产规模化、产业化经营。

三是优化农业产业结构，转变农业增长方式的思路值得西部地区借鉴。台湾地区加入世贸组织后，农产品因生产成本较高，受进口产品的冲击较大，农业产品因此失去竞争优势。面对农业发展的困境，"台湾当局"把农业纳入农村综合建设系统中，统筹农村、农民及农业的发展。首先，根据岛内情况对农业进行转型。重点发展能充分发挥台湾兼具资源优势、生产优势和营销优势的产业。其一，缩减粮食种植面积，削弱对环境造成威胁的养猪业与养鱼业，大力发展具有竞争优势的南方特色蔬菜及种苗、水果、花卉等产业；其二，发展精致农业，有效地促进产业升级，通过农业精细化、优质化及科学化的农业生产方式，转变农业增长方式；其三，发展"绿色休闲农业"，鼓励农民利用田园景观、自然生态及环境资源，结合农业经营活动、农村文化及农家生活的形式，提供以休闲为目的的农业经营。其次，制定诱导农民离农的相应政策，减少农业人口比例，如设立农民转业保险基金对转业农民给予补贴或转业贷款帮助，实行农民第二专长培训等，休闲农业是台湾推动农业转型、农民创业的一个重要方向。"台湾当局"的产业转型思路在西部地区的农业发展中具有很好的借鉴作用，西部地区如陕西杨凌农业示范区，也正在尝试使农业从粗放型向科学化、精细化及优质化转型，利用田园景观提供人们以休闲为目的的农业经营方式，并且取得了一定成功。以上农业转型的思路可推广到西部其他省（区），结合当地的农业产业优势及特点，集中发展优势产业，增加农民收入，解决西部"三农"问题。

四是借鉴台湾经验培养核心农户。在 20 世纪 80 年代，台湾农业发展面临着和西部目前相同的困境：一是随着社会经济的发展，城乡差距增大，农业收入偏低，农村生活、生产环境较差，导致农民不安心于农业生产。二是农村年轻劳动力普遍外流，农业劳动力老化现象严重，同时，农户耕地面积小，导致兼业的农民多，专业的农民少。"台湾当局"为了适应经济及社会的发展与变迁，将"培育核心农民"列为"台湾省加强农业升级重要措施",于1983年颁布了"台湾核心农民八万农建大军培育辅导计划"执行方案。方案规定:第一,投资培育核心农户。核心农户使用的主要大型农机统一购置,每位核心农民可获得100万新台币的创业贷款、33万新台币的住宅贷款,以及12万新台币的生产贷款,用于改善农村生产及生活条件。1982—1991年,投资约300亿新台币培养了8万核心农户。第二,实施投资于农业科技创业的计划。成立"农业科技创业投资计划",设立农业发展基金,规模达到100亿新台币,用来鼓励农业企业扩大经营规模及青年农民的创业,提升台湾农业产业竞争力。台湾的这些激励农户及农业企业的举措对于西部地区农业发展有很好的借鉴作用。

# 第九章 西部地区土地流转组织创新与制度安排

西部地区土地流转与发展较快的东部地区相比，起步晚、规模小、进展慢、问题多，在西部社会经济的发展中，农村、农业及农民问题始终是一个核心问题，要发展西部经济，农村土地问题是解决西部"三农"问题的关键，应建立健全农村承包经营权流转市场，通过自愿、依法和有偿的土地经营权市场化流转，扩大农地经营规模，改善土地带来的收益，实现农业现代化。在城市化、工业化、市场化进程中，探索土地流转的组织创新及制度安排是当务之急。

## 第一节 西部地区农地流转组织创新与目标模式的选择

农村土地制度的变革与创新中，科学探索创新动力，设计合理的创新主体，是关系到农村土地制度变革成功的关键。农村土地制度的变革作为一种制度安排与模式的选择，是对农村生产关系的重大调整，必须进行深入的调研与论证，积极探索构建农村土地制度创新的基本格局，才能确保土地变革的科学性及合理性。

### 一 创新主体的构建

从制度经济学角度看，制度绩效的优劣和制度创新目标的实现受制度创新主体的直接影响。通常情况下，自然人和政府法人是制度创新的两类主体。制度创新的主体不同，产生的制度创新的路径也将截然不同，一是自然人的自发式制度创新，即自然人通过对微观的自主分散式探索，最终形成一致的行为模式；二是政府理性式构建制度模式，即土地制度安排由部分精英进行理性设计，然后通过政府行政行为予以实施。从土地制度变迁轨迹看，前者的土地制度变革为以农民为主体的需求诱致性，后者为以政府为主体的强制性土地制度变迁，土地制度创新能够顺利进行的前提是制度变迁需求与制度变迁供给大致均衡，这时制度创新的绩效才能实现最大化。

从中国土地制度变革的历程看，新中国成立后的第一阶段农村土地制度的改革达到了农民自发制度选择与政府理性制度设计的有机统一。第二阶段农村土地制度变革则主要以政府主体的单方面土地制度变革推进，即1978年以前的中国农村土地制度变迁的创新动力来自政府，以政府强制性变迁为主。1978年改革开放以来，中国农村土地制度变迁的创新动力主要来自农户，农村土地制度创新更多地表现为以农民的需求诱致性变迁为主。从客观实际来看，在中国，来自农户自发的土地制度创新行为有其合理性，因为政府在农村土地制度变迁中掌握的信息不完全或信息不对称，决定了政府单方面难以构建出适合不同地区实际的具有可操作性的具体制度安排。如果忽视了农民自发制度创新的权益，就是否定了农民作为农村土地制度变迁的创新主体地位与作用，这样将导致政府制度创新的风险与障碍增加。同时中国土地制度创新经验也表明，仅依靠农民分散而自发的经验探索来实现土地制度的再创新是难以完成的，农户的自发创新行为尽管有一定的必然性与合理性，但常不可避免地引发分散化的经营格局与低效率的资源配置，要实现土地制度创新的既定目标必须借助政府的理性创造行为。在政治力量对比中政府处于绝对主导地位，这是由中国的权力结构与基本制度结构决定的，政府拥有最为强大的经济构造能力和资源配置权力。政府可能不一定是制度创新的创始者，但一定是制度安排的最终提供者，必须借助政府主导性制度供给的推力，来推动源自农民需求诱致性制度变迁的各种模式。因此，在中国现阶段，农村土地制度的变迁不仅需要农民自发性的微观探索，同时更需要政府创新主体的宏观支持。

伴随着中国城镇化、信息化、工业化和农业现代化进程，农村剩余劳动力大量向非农部门转移，同时农业生产的物质技术装备水平也在不断提高，发展适度规模经营已成为必然趋势。但是，目前农村土地实行以集体所有制为基础的家庭承包责任制，难以适应飞速发展的中国经济与现代化的需求。党的十八届三中全会做出的《中共中央关于全面深化改革若干重大问题的决定》（以下简称《决定》），对深化农村改革做出了全面部署，对在过去的相关文件中虽有涉及、态度并不十分明确但又事关重大的农村土地问题有了开创性、突破性的改革意见。《决定》中，鼓励承包经营权在公开市场上向农业种植专业大户、农民合作社、农民家庭农场及农业企业流转，引导和鼓励工商资本流向农村经济，发展适合企业化经营的现代种养业，鼓励农村通过发展合作经济方式，促进农村土地经营权有序流转，达到发展农业适度规模经营的目的。在2014年中共中央办公厅、国务院办公厅印发的《关于引导农村土地经营权有序流转发展农业适度规模经营的意见》（以下简称《意见》）中，指出了农村土地改革的指导思想和基本原则。其指导思想是：全面理解、准确把握中央关于全面深化农村改革的精神，按照加快构建以农户家庭经营为基础、合作与联合为纽带、社会化服务为支撑的立体式复合型现代农业经营体系和走生产技术先进、经营规模适度、市场竞争力强、生态环境可持续的中国特色新型农业现代化道路的要求，以保障国家粮食安全、促进农业增效和农民增收为目标，坚持农村土地集体所有，实现所有权、承包权、经营权三权分置，引导土地经营权有序流转，坚持家庭经营的基础性地位，积极培育新型经营主体，发展多种形式的适度规模经营，巩固和完善农村基本经营制度。基本原则是：坚持农村土地集体所有权，稳定农户承包权，放活土地经营权，以家庭承包经营为基础，推进家庭经营、集体经营、合作经营、企业经营等多种经营方式共同发展；坚持以改革为动力，充分发挥农民首创精神，鼓励创新，支持基层先行先试，靠改革破解发展难题；坚持依法、自愿、有偿，以农民为主体，政府扶持引导，市场配置资源，土地经营权流转不得违背承包农户意愿、不得损害农民权益、不得改变土地用途、不得破坏农业综合生产能力和农业生态环境；坚持经营规模适度，既要注重提升土地经营规模，又要防止土地过度集中，兼顾效率与公平，不断提高劳动生产率、土地产出率和资源利用率，确保农地农用，重点支持发展粮食规模化生产。在指导思想和基本原则的框架下，农村土地经营权流转中的创新主体应该包括以下几方面：

微观组织创新主体——农户家庭及农业企业法人。中国农村土地制度创新大多诱发于需求诱致性制度变迁，中国未来农村土地流转制度创新中，微观的农户及农业企业法人仍是诱致农村土地制度变迁的主要力量之一。首先，从农户的角度看，快速城市化背景下，大部分农民向非农部门转移，农民分化为三种类型：务农农民、兼业农民和非农农民。非农农民是指在城镇从事非农产业的农村劳动力，他们在非农产业就业，生活在城镇，收入来源于非农产业，具有农村集体经济组织成员身份，但是他们的户籍是农村户籍，仍然拥有农村土地承包经营权，该群体对土地经营的收益诉求不强烈，是土地经营权的主要供给者；兼业农民是指在农业生产与非农生产之间奔波，一般是在自己家庭承包的土地上小规模经营，生产技术水平不高，从事农业收入水平较低，为了满足家庭生活需要，生活得更好一些，他们在农闲时间到城镇从事非农产业生产。在空间上，兼业农民奔波于城乡之间，在农业与非农业之间寻找自己的收益最大化。对于非农农民，土地的生产功能减弱，他们对土地使用权及其生产收益权的诉求不强烈和趋于消失，他们在乎土地的财产功能和保障功能，他们是土地经营权流转的供给者。务农农民是从事农业的农民，务农农民包括传统农民、农业专业户。传统农民指在家庭承包的土地上，以传统方式进行小规模生产经营的农民，生产的目的主要是满足家庭生活需要，有的家庭有少量的土地经营权转入，但经营规模不大。对于务农农民而言土地具有重要的土地生产功能，为了增产增收，必须最大限度地发挥土地的生产功能。农业专业户是指通过土地承包经营权流转集中了一定数量的土地经营权，投资了一定的专用性资产和技术，生产规模较大的农业生产大户，他们一般年富力强，具有一定的人力资本优势，是农村的乡土精英，他们进行农业生产的目的不仅仅是满足家庭生活的需要，而是在市场导向下追求农业产业利润。农业专业户希望通过

## 第九章　西部地区土地流转组织创新与制度安排

土地使用权流入来扩大经营规模、提高生产率,因此对土地流入的诉求比传统农民强烈,是土地经营权的主要需求者,他们与农民是单纯的土地流转关系,产权关系简单。其次,土地经营权的另一需求者是农业企业,农业企业是指实行独立经济核算、自主经营,从事农、林、牧、副、渔业等生产经营活动,具有法人资格的营利性经济组织。农业企业是农业生产的基本经济单位,是农业生产力水平和商品经济发展到一定阶段的产物。随着农村商品经济的发展,农业企业出现了多种形式,如家庭农场、合作农场、公司农场、联合农业企业等,企业对规模经济的追求导致其对土地经营权的需求强烈,因此农业企业是土地经营权的又一微观需求主体。综上,现实农村经济中,土地经营权的供给方和需求方并存,但是现有农村土地制度难以顺利实现土地供需双方的有效对接,土地流转效率低下,因此对经济利益最大化目标的追求促使农户家庭或企业法人对制度创新产生强烈愿望。即农村土地制度变革与创新的微观主体是农户家庭及农业企业法人,其制度创新的动力主要来自对土地产出绩效及收益的最大化追求。但是,农村土地制度微观创新主体自发而分散的经验探索不可避免地引发低效率的资源配置与分散化的经营格局,因此只有借助于政府的理性、集中创新活动方可实现制度创新目标。

制度创新的宏观组织创新主体——政府。国家的主要功能在于减少市场交易费用,使政府的权利或效用最大化,从而为整个社会福利的提高创造良好的物质条件与环境。尽管各国政府在农村土地制度变迁中,土地制度创新关注点不同,但都有共同的目标,除了预期收益的最优化,还有更多的非利益关注,这是其他创新主体不会关注的问题。因此,中国未来农村土地制度创新,应该是来自微观自然人或法人的诱致性制度变迁,但政府的主要角色地位是不可替代的。主要体现在:首先,从总体上看,虽然中国农村土地流转平稳健康,但仍存在诸如侵害了农民合法权益、地方土地流转市场不健全、"非农化"现象严重等问题需要解决,这些问题若解决不好,将直接影响到农村土地的有序流转、国家粮食安全及农业适度规模经营的健康发展。因此,在土地流转中,农村土地优化配置过程需要政府作为主体,在农村土地流转中，国家借助于必要的制度安排，综合考虑农业生产持续协调发展的需要，在微观创新需求的基础上，优化农业生产要素的配置。其次，只有政府作为制度创新主体，才能在农村土地制度创新中，站在全局的角度，将制度变迁中的效率目标与公平的协调性、农村社会结构的稳定性以及农业基础产业地位的巩固性等问题综合起来考虑，而其他制度创新主体是不会考虑这些问题的。因此，政府作为农村土地制度的宏观创新主体，其创新动力可概括为：对农业生产的可持续发展的追求、优化配置土地资源的重任、对效率与公平双重目标的统一以及巩固农业基础地位及保障国家粮食安全的责任。

中观创新主体——区域性合作经济组织。伴随着农业生产专业化、社会化、商品化、协作化的不断发展，逐渐形成了区域性合作经济组织，其在农村土地制度创新与变革过程中主要功能在于协调服务、上通下达，承担着具体而重要的任务，逐渐成为制度创新的中观力量。伴随着人民公社体制的瓦解与集体经济的衰弱，区域性合作经济组织作为农村土地制度变革与创新的中介环节，产生于微观创新主体与政府宏观创新主体之间的协调与必要服务的需要，在此基础上产生并发展壮大起来。中观创新主体制度创新动力与前两者有明显不同，凭借自身的服务供给是中观创新主体发展及生存的主要保障，中观创新主体与中央政府没有必然的行政牵制及利益联系，同时也对微观农户的土地产权要求没有必然的关注与渴望。中观创新主体希望借助土地制度变迁来强化自身的选择权与自主权，为自身的发展壮大创造良好的外部运行环境。因此中观创新主体的创新动力来自对政府政策的依赖及对微观农户信任程度的最大化追求，以及土地经营需求与服务效率的内在统一。

综上，未来农村土地制度创新应该是，以政府理性的宏观创新行为为主导，以微观创新主体自发的创新行为为基础，以中观经济主体的助推行为为辅助的制度创新进程。

## 二　组织创新目标的选择

为了适应农业现代化、发展适度规模经营的需要，西部地区农村土地流转组织创新的终极目标应该是：保障农户对土地的承包权，用活土地经营权，推动农地资源有效配置和现代农业的发展。为实现终极目标，具体可将终极目标分解为以下几方面：

1. 促进农业转移人口市民化

在中国农业现代化过程中，面临的四大难题之一就是农业人口向非农产业转移。因此当前和今后一个时期中国经济社会发展的一项重要工作就是有序推进农业转移人口市民化。中国与国外农民的内涵存在很大差异。在农民概念的内涵上，国外所谓的农民是一个职业概念，一般是指从事农业的公民，他们从事农业生产，收入来自农业，居住生活在农村，具有职业、收入、生活空间三维合一的特征。在中国，农民指具有农村户籍和农村集体经济组织成员身份的公民，因此中国的农民是一个制度概念，而不是一个简单的职业概念，在改革开放前，中国农村劳动力基本务农，农民具有制度身份、职业、收入、空间四维合一的特征。但是改革开放以后，随着工业化和城市化的加速，农业剩余劳动力向城镇和非农产业转移，农民发生了分化，其制度身份与职业收入和空间特征发生了不同程度的分离。

在西部地区土地流转和农业现代化过程中，加快非农农民及兼业农民的市民化速度是实现土地流转和农业现代化的关键。农民工是非农农民的主体，近年来，举家外出农民工的数量逐年增加，随着农民工在城市的就业和居住趋于稳定，这部分农民工被称为非农农民，他们对土地的依赖性弱，市民化成为这部分农民工的强烈愿望。但是，由于城乡二元制度改革滞后，长期以来，进城农民在城市处于边缘化状态，没有城市户籍，仍然保留农村集体经济组织成员身份，仍然是制度意义的农民，无法享受城市居民的经济社会权利。因此，在当前和今后一个时期经济和社会的发展中，应将有序推进农业转移人口市民化作为首要目标。兼业农民是在进城务工与返乡务农中挣扎的群体，未来这个群体将分化为两部分：一部分人将完全从事农业；另一部分人将彻底脱离农业进入城市。城乡经济和社会管理体制改革深化过程中，应减小兼业农民进入城市的阻力，引导更多的兼业农民向城市转移，逐渐缩小兼业农民的队伍规模。

非农农民的发展趋势是市民化，他们对土地使用权及其生产收益权的诉求不强烈或趋于消失，但是对土地流转权及其租金收益权的诉求强烈，他们愿意将土地承包经营权流转给他人或组织耕作。他们中有的甚至有非常强烈的土地退出权的诉求，即该部分农民希望退出农村集体经济组织，合理处置自己在农村集体经济组织中的集体土地（承包地和宅基地），并能从中获得经济补偿。但是现行农村土地制度缺少对农民退出承包经营权的补偿规定。现行制度规定，户口迁入市区转为非农业户口者，应当将承包地交回发包方，对于为提高承包地土地生产能力的投入部分，农户有权获得相应的补偿。但是，对于农民放弃承包经营权没有补偿规定，就是白白剥夺了市民化农民的土地财产权利，导致非农农民即使长期在非农部门就业，也不愿放弃土地产权，这些阻碍了他们的市民化进程。因此为了反映分化农民的土地产权诉求变化，保护分化农民的土地权益，促进农民分化和经济社会发展，农村土地制度必须适时创新。

制度创新不可能一劳永逸。改革之初，为了体现公平和效率兼顾的原则，农村土地产权制度创新的核心是所有权和承包经营权两权分离，实现人人有田耕。随着工业化和城市化的发展，政策赋予农民以转让、转包、出租、入股、互换等形式，将承包地流转给他人或组织经营的权利，即土地流转。土地流转权的赋予适应和促进了农业剩余劳动力转移，在相当长一个时期促进了农业和农村发展。但是，随着城市化和工业化进程加快，农民分化加剧。在市民化背景下，农民没有退出权是农村土地制度凸显的产权缺陷，农村土地制度的产权安排不能适应农业转移人口的土地产权诉求，阻碍农民彻底分化和市民化。由此，农村土地制度创新再次被提上议事日程。

2. 培育新型农业经营主体

以科学发展观以及农业规模化、标准化为基本方向，围绕保障主要农产品基本供给、提高农业综合效益、增加农民收益的基本目标，不断完善农业经营体制机制，形成以家庭承包为基础，培育专业种养大户、家庭农场和合作农场、农业龙头企业、农民专业合作社等新型农业经营主体队伍。多种新型农业经营主体的发展壮大是农业生产作业主要环节实现服务社会化，提升农业生产组织化、专业化程度和劳动生产率的主要途径。具体可分解为：

第一，培养新型职业农民，提高农业劳动者素质。农民的现代化是农业现代化的前提与保障，不同于传统农民，新型职业农民是具有一定的科学文化素质，具备经营管理能力，掌握现代农业生产技能，以农业生产、经营或服务为主要职业，且居住在乡村的农业从业人员。西部地区应结合各地实际，从农业劳动时间、素质能力水平、生产经营规模等方面进行认真探索，并将其作为培育和扶持的依据。突出培养重点，着重抓好种养大户、科技示范户、家庭农场主的培养。优化培养方式，以农民中等职业教育为平台，以阳光工程创业培训为支撑，开展经常性、多形式的职业教育培训。完善培养政策，加大政策扶持力度，把农业职业培训纳入中等免费职业教育范围，扩大阳光工程创业培训规模。完善绿色证书制度，探索把绿色证书作为认定职业农民的重要依据，并与农业扶持政策挂钩。

第二，大力培育与扶植家庭农场专业大户、农业种植专业大户及农业龙头企业，促进家庭经营集约化、专业化与规模化。对于农场专业大户、农业种植专业大户及农业龙头企业，要加强引导、重点培育，加大税收、财政、金融方面的扶持力度。一是鼓励各地加强探索不同生产领域专业种植大户、家庭农场的认定标准，对它们实行特殊扶持政策。二是对认定的专业大户和家庭农场，当经营耕地、养殖畜禽达到一定规模时予以奖励，并且鼓励金融机构给予专业大户和家庭农场一定的信用贷款，不断探索农作物产品纳入抵押品范围的新形式，提高财政对专业大户、家庭农场参加农业保险的保费补贴比例。

第三，加快发展农业专业合作组织建设。农业专业合作组织是引领农民进入国内外市场的现代农业经营组织。在实际中，应坚持数量与质量并重、发展与规范并举的原则，引导农业专业合作组织做实做大做强，不断增强自身的发展活力和带动能力。一是需要逐级建立示范社名录，所有涉农项目和优惠政策向示范社倾斜，并对示范社运行进行监测、动态管理。二是对农民专业合作社给予税收优惠政策，制定符合专业合作社特点的纳税申报办法。三是对农业专业合作组织给予财政扶持，增加财政投入幅度，重点支持合作社开展加工贮藏、直供直销等业务，探索有利于合作社良性发展的新型农业补贴倾斜方法。四是建立农民专业合作社人才库，加强人才培养，着力打造合作社领军人才队伍，逐步推行"一社一名大学生"，引导大学生到合作社工作，形成覆盖广、次多层、可持续的合作社人才培养体系，同时加大对基地建设投入力度，建立合作社人才培训基地。

3. 探索土地流转模式，优化土地资源配置和提高劳动生产率

土地流转是实现农业适度规模经营及农业现代化的必由之路，是促进农业技术推广应用和农业增效、农民增收的前提。土地细碎化不利于农田水利建设及农业机械化技术的应用与推广，增加了农民的劳动强度，阻碍了农业劳动生产效率的提高。农地规模经营必须克服土地细碎化，这需要以农地流转制度创新为前提。

目前西部地区的土地流转绝大部分是自发土地流转，虽然自发的土地流转成本较低，但难以克服土地细碎化，且自发土地流转难以达到农地规模经营目标。因为农地自发流转形成农地规模经营有着苛刻的前提条件，要求流入方土地恰好相邻，这种情况只有在绝大部分农民均转移到非农业部门之后，且大多数土地可转出来时才有可能实现，我国西部大部分地区并不能满足这一前提。即使是在高度城市化背景下，绝大部分农民转移到非农就业市场，也并不意味着农地自发流转市场能够把分散土地集中起来形成农地规模经营，耕者为了将毗邻地块合并起来，须与无数小土地所有者进行谈判。由于土地不可移动的属性，耕者在试图集中流转土地时面对的是众多拥有绝对权利的个体农户，即使在城市化背景下人地关系缓和，但由于农民与土地关系的高度分化，想要扩大土地规模的耕者与众多不同意愿的农户之间仍存在高昂的交易费用。

地方政府主导推进的大规模土地流转是另一种流行模式，简称为"行政干预市场"模式。该模式是基于经营业主对农地规模经营的要求，由地方政府人为推动土地大规模集中连片流转，并向经营业主（尤其是专业大户、工商资本）供给的土地流转模式。该模式是由地方政府发起，通过村社组织作为中介，以各种方式积极动员农户将承包地流转给经营业主，或将愿意流出的土地集中起来向经营业主统一

供给土地。在农户分化以及对土地诉求各异、农户流转土地有不同机会成本的背景下,为了达到土地集中连片流转的目的,政府主导模式下的土地流转模式通常不能够以完全市场化的价格机制进行,以中介身份出现的村社集体往往容易蜕变为地方政府的"代理人"进入土地流转领域,农户土地流转意愿很难得到应有的尊重。实践中许多大规模土地流转经常采用这种强行流转集中承包地的过程,这种行政干预损害了弱势农民的自主交易权利。

综上,由于土地的不可移动性决定了土地产权交易市场的特殊性质,农地自发市场难以克服土地细碎化,而且与小农户直接协商试图形成集中连片流转的土地将面临较高的交易费用。但是地方政府行政干预市场,并不能降低交易费用,相反会将原来由土地流入方负担的交易费用转嫁给弱势农民阶层。现有土地流转陷入的两难困境,是土地流转模式创新中需要解决的关键问题。因此,在满足保障农户自由交易的前提下,探索低供给成本整合细碎化土地产权的机制,探索克服土地细碎化的土地流转模式,是当前土地流转制度组织创新的重要目标之一。

### 三 土地流转组织创新体系的构建

关于农村土地流转组织创新体系的组织结构,本书根据创新体系的构建原则及各子系统的功能和相互关系构筑了一个框架模型,认为土地流转创新体系包括两个层次,即创新主体层次和创新支撑层次,两个层次又分为五个子系统,包括三个主体系统和两个支撑系统。具体见图 9-1。

在土地流转组织创新体系中,创新支撑层次是土地流转的前提和保障,政策引导和系统整合是宏观调控的作用,创新支撑层次为整个框架体系的运行提供物质和文化环境。在此简述土地流转创新体系的组织框架,以及各子系统的主要任务或功能。

不同的土地流转创新主体层次主要任务及功能主要有:

一是土地供给方。农村土地流转中流转的土地提供者是农户,农户的受教育程度以及从业情况直接影响着农民的土地产权诉求,从而影响到流转土地的供给。我国现行的农村土地制度是:农村土地属于

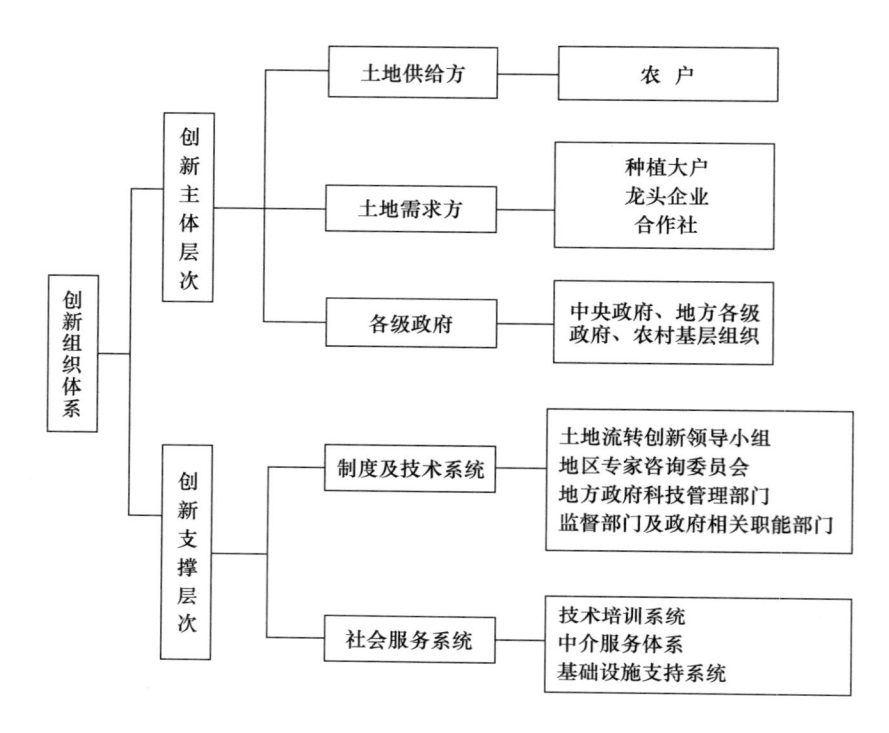

```
创新组织体系
├─ 创新主体层次
│   ├─ 土地供给方 ── 农户
│   ├─ 土地需求方 ── 种植大户/龙头企业/合作社
│   └─ 各级政府 ── 中央政府、地方各级政府、农村基层组织
└─ 创新支撑层次
    ├─ 制度及技术系统 ── 土地流转创新领导小组/地区专家咨询委员会/地方政府科技管理部门/监督部门及政府相关职能部门
    └─ 社会服务系统 ── 技术培训系统/中介服务体系/基础设施支持系统
```

图9-1 土地流转组织创新体系

集体所有制，所有权归集体的全体成员共同拥有；拥有农村集体土地的共同所有权，是农村集体经济组织成员权的体现，是农民全部土地权利和产权诉求的基础。土地所有权由农村集体经济组织代表其成员行使，农民通过家庭联产承包制的形式取得土地承包经营权。农民作为农村集体经济组织成员，其"成员权"的体现是拥有农村集体土地的承包权。农民对集体土地的所有权是名义上的，由农村集体经济组织代表行使。而承包权则掌握在农民手上，是实在的，农民可以根据自己的诉求对承包经营权进行流转，成为土地经营权的供给方。

随着工业化和城市化的发展以及农民的分化，土地对农民的生产和生活保障功能的重要性在下降，分化农民对土地财产功能的诉求越来越强烈。农民对土地产权诉求的增强是对土地功能多样性的认知和反映，成为农村土地制度创新的良好基础。为了反映分化农民的土地产权诉求变化，农村土地制度必须适时创新，这样才能发挥土地功能的多样性，保护分化农民的土地权益。在分化农民中，务农农民对土地具有强烈的经营权和生产收益权诉求，对土地流转权和租金收益权的诉求不强烈；相反，非农农民对土地流转权和租金收益权的诉求日益强烈，但是对土地经营权和生产收益权的诉求减弱甚至趋于消失，在市民化背景下，部分非农农民甚至希望获得离开农村集体经济组织时，能因退出土地承包经营权而获得经济补偿的权利，即退出权；在兼业农民中，以农业为主的兼业农民的土地产权诉求与务农农民相似，以非农业为主的兼业农民的土地产权诉求与非农农民相似。因此，非农农民及以非农为主的兼业农民是土地经营权的主要供给者。

二是土地需求方。追求规模经济从而实现收益最大化，是农业种植户、农业企业及合作社发展的目标，也是其对土地有需求的动机。加快推进农业现代化是现阶段我国农业发展的目标；然而在家庭联产承包责任制条件下，土地按人口实行均包，土地经营权分散在不同的家庭，形成了小型土地经营格局，不利于农业规模经济和规模效益的形成。对比欧美发达国家，我国农产品中机械化程度明显偏低，劳动力成本明显偏高。虽然小规模的家庭经营与农业现代化并不存在实质性的矛盾，土地经营者照样可以广泛使用各种现代化生产要素，但化肥、农药及农业机械等现代化生产要素的广泛使用，必然导致农业生产成本中不变资本的增加，而以户为单位的家庭经营者一般是无力承受农业现代化带来的农业投资增加的。同时，这种小规模的生产经营，在农产品的交易中势单力薄、交易方式落后，不仅难以进入竞争激烈的市场，而且也难以保护自身的利益，与欧美发达国家规模经营化、高度现代化的农业相比，我国的农业是相当落后的，在国际市场上的竞争力还十分弱，西部地区更是如此。西方发达国家的农业现代化进程表明，农业规模的不断扩大是一种普遍现象。因此农业经营者、涉农企业以及农业合作社都希望扩大规模，实现专业化分工和合作，提高生产效率，减少农业生产的不确定性以及降低市场风险，有效降低农业生产的交易成本，实现利益最大化，因此形成了土地流转中的土地需求方。

三是各级政府。政府是国家权力机关的执行机关，主要站在国家长期发展的角度，从国家宏观经济长期发展的需要出发，在保障粮食安全的前提下，中央政府主要负责全国范围内的行政事务的治理，负有维护国家政权，促进经济发展，提供公共服务，完善社会管理的职能。地方政府主要是在中央政府的管辖下，负责地方行政事务治理。各级政府包括中央、省级、区县、乡镇四级层次，各级政府部门不再直接组织创新活动，而是转向以宏观导向、优化环境、提供服务为主的工作，这样政府的调控作用能渗透到创新活动的全过程。其一，中央政府层面主要是修订和完善与土地流转相关的基本政策及基本制度，如《中华人民共和国土地管理法》《物权法》《农村土地承包法》《中华人民共和国农业法》《中共中央关于推进农村改革发展若干重大问题的决定》《中华人民共和国户口登记条例》等，这些基本法律法规是完善部门法律法规的基础，也是各级地方政府制定地方法律法规和开展工作的依据。其二，省级政府扮演着政策制定者与尝试者的角色，省人民代表大会拥有较大的地方立法权，可以用来支持省政府在本地区农村土地流转中的探索和试验，省级政府在国家法律和中央政府为"三农"发展所制定的制度与政策框架下，积极探索适应地区经济发展的土地政策及法律法规，在探索中积累经验，完善法规。其三，区县政府扮演着主导、决策及协调角色。区县政府拥有根据上级的涉农政策制定符合本区县特色政策的权力，即拥有着较大的决策权。涉农资金的财政自主权由区县政府所掌握，这些决定了在建立现代农业过程中，区县政府能够为农村发展引进急需的技术、资金和管理人才，在农村土地的规模化流转中，区县政府可以给予财政支持，特别是对促进土地整理项目、农业专业合作组织以及城乡统筹试验区等政策试点过程中涉及的农业用地流转可以给予财政的优先资金安排。其四，乡镇政府层面担当着重要的服务角色，乡镇政府是距离农民、农村、农业最近的最基层政府，基层的乡镇干部对"三农"中涉及的问题，特别是农村土地流转中涉及的问题是最了解的，因此，乡镇政府在农村土地流转中扮演着极其重要的角色，特别是在指导村委会工作、促进当地农民专业合作社的建立和发展以及协调跨村土地流转等方面起着重要的作用。

## 第九章 西部地区土地流转组织创新与制度安排

在农村基层组织层面，农村地区推行的是以乡镇基层政权为主，以农村民主自治制度为辅的农村管理体制。因此，农村基层组织一般包括：村委会、村民小组、合作社及相关集体经济组织。村委会是农村社会与村民利益关系最密切、最直接的组织，村委会是农村中包括成员最多的组织，农村中的集体经济收益分配、农地的发包等都由村委会管理或者由村委会经手。村委会行为主体实际运行的过程和效果决定了农村土地制度运行的效率，村委会在农村土地流转制度的微观配置上起着决定性作用；农村中专业合作社及相关集体经济组织的发展水平是土地流转规模和活跃程度的决定因素。

不同土地流转创新支撑层次及功能如下：

一是制度及技术系统层面，为土地流转创新提供制度及技术支持。成立土地流转创新领导小组，联合监督部门及政府相关职能部门，自下而上地汇总区域土地流转中的经验和教训，不断完善土地流转中涉及的有关制度、政策等，优化环境土地流转的软环境，这是土地能规范、顺利流转的保证。地区专家咨询委员会，以农业技术创新为核心，在农业企业、种植大户与农业科研机构、高等院校之间通过委托开发、成果转让、联合经营、技术入股等多种形式，促进农业更有效地引进、吸收和推广新的知识和技术，有利于形成内部技术开发创新体系。

二是社会服务系统层面，为土地供给方和需求方提供所需服务。社会服务系统是围绕土地流转的创新活动进行中介服务，是以直接帮助企业的技术创新取得成功为目的而形成的网络化、社会化服务体系。土地流转创新组织体系要求有适宜的社会服务系统，这些社会经济文化环境的服务系统包括：信息平台、各种类型的技术开发中心和教育培训机构；完善的知识产权保护体系和市场机制。技术培训系统的主要任务是为土地流转的需求方及供给方提供知识传播和各类专门人才，促进农业劳动力向非农转移，增大土地供给，同时对土地需求方进行农业生产技术培训，提高土地规模化的生产效率。加强基础设施建设，吸引有实力的农业企业落户，提升土地流转的规模及速度。

以上是各主体的主要任务及功能，不同主体的利益诉求不同，在实际中各主体层次的任务及功能关系经过博弈，厘定主体角色、重塑主体职能、不断寻求土地流转的创新模式、完善土地流转的政策法规。不同层次主体之间的功能及关系如图 9-2 所示。

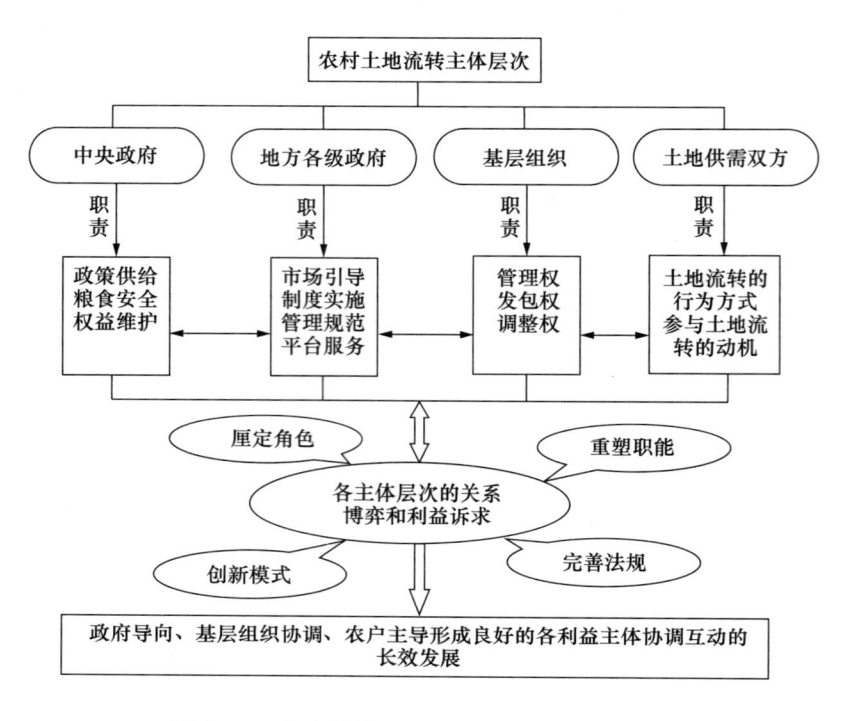

**图 9-2　土地流转组织创新各主体间功能关系**

## 第二节　西部地区农地流转中组织创新机制

西部地区农村土地流转才刚刚开始，土地流转仍以农户之间的自发性自主流转为主，流转土地的面积小，难以形成规模经营，农村土地市场的运行机制存在较多问题。土地流转的规模和速度受诸多环境和制度的影响，因此一个有效率、良性运行的农村土地流转需要政府在坚持以农户为土地主体的基础上不断矫正不良因素，采取相关的法律、政策和行政手段对土地流转环境进行创新，对土地流转的过程进行必要的干预，从而推动农村土地流转良性有效率地运行，进而推动西部农业的发展，提高西部农民的收入，这是政府的职责所在。从过去发生在农户之间自发性的、零星的土地流转到现在基于市场化的、农业规模化经营的、多元化的、规范化的较大规模的土地流转，从农村土地流转的变迁过程中可以看出，中央政府为了提高农村土地使用效率，在不断地改进规则。对于有利于发展农业生产、有利于完善和促进土地流转及维护农户土地流转权益的政策坚决贯彻和执行，对不利于土地流转和可能损害农户利益的政策则坚决地予以修正和改进，防止农民的土地权益受到侵害。政府是国家权力的执行机关，中央政府主要负责全国范围内的行政事务的治理，负有维护国家政权、促进经济发展、提供公共服务、完善社会管理的职能。地方政府主要是在中央政府的管辖下，负责地方行政事务治理。中央政府肩负着土地流转中宏观环境的不断创新职责，地方政府应该在中央政府的基本制度的指导下，勇于根据地方特色进行土地流转政策和流转机制创新。

西部地区农业的现代化依赖于对土地的适度集中以及外来技术和资金的引进。土地的适度集中建立在部分农户退出经营权的基础之上，因此要发展规模农业以及促进对土地的有效利用，必须建立健全土地承包权的退出进入机制，农村土地承包经营权的退出机制是进入机制的基础和前提，是实现农业规模经营的保障。

农村土地承包经营权是农民作为农村集体经济组织成员而享有的承包集体土地的权利，是当前农民拥有的最重要的土地权利。农村土地承包经营权退出是农民放弃承包集体土地的权利。农村土地承包经营权退出有两层含义：一是农民退出集体土地承包经营权中的经营权，土地流转是实现经营权退出的主要途径；二是农民退出集体土地中承包经营权中的承包权，除了法律规定的强制退出，在实现土地规模化经营中，我们主要关注农民自愿、积极主动地放弃其拥有的土地承包权。

对于农民退出集体土地的承包经营权，根据《农村土地承包法》等法律的规定，土地承包经营权退出的途径主要有：第一，在承包期内承包人将承包地交回集体经济组织。具体包括以下情况：一是承包人自愿放弃土地承包经营权，将承包地交回集体经济组织；二是承包人全家迁入设区的市，转为非农户口的，承包人应将承包地交给农村集体经济组织；三是因结婚迁往新居住地并取得新居住地承包地的农村妇女，或离婚、丧偶离开原居住地，并在新居住地取得承包地的。第二，农村集体经济组织依法收回承包地，剥夺其土地承包经营权。主要有两种情况：一是国家基于社会公共利益的需要，依法征收、征用农村土地，此时该部分集体土地的土地承包经营权归于消灭。根据国家或地方发展需要，在给予农民一定补偿的情况下，征用农村集体土地用于满足国家及地方的发展需要，该途径通常情况下是农民非自愿的强制性退出。二是农民自愿或非自愿放弃集体土地的承包经营权，彻底退出土地，这种是根据国家有关法律法规的规定，如我国法律规定在设区市以上城市落户的，将丧失无偿从集体获得土地承包经营权的条件，土地承包经营权由集体收回。土地承包及经营权的退出在20世纪90年代之前，以自愿性依据法律放弃土地承包经营权为主。这个时期以前，西部地区城乡发展及城乡居民待遇差距较大，因此就出现了居民纷纷想跳出农门的情况，主要表现在两方面：一是部分农民积极将户籍迁入城镇，享受城镇居民待遇的同时失去了农村集体土地的承包权和经营权；二是农村学生一旦考入大学或在城市具有稳定的工作之后，户口迁出农村，集体依据法律规定收回集体土地的承包权和经营权，该途径虽是依法律规定收回土地承包权和经营权，但是退出者本人也是非常乐意接受这种退出机制的，在20世纪90年代以前农村土地的集中主要是依靠这种途径。但是，随着城乡一体化及户籍制度的改革，特别是随着户籍制度的改革，其他保障制度没有随之联动，市民身份对农民不再具有吸引力，因此积极主动放弃农村土地的承包权及经营权的农民越来越少，集体依据该条文而收回土地承包经营权的行为不是农户自愿退出行为，而是基于法律强制而剥夺农民土地承包经营权的行为。总之，目前法律规定的土地承包经营权退出特点有：土地承包经营权的退出途径少且多为强制性。如土地征收、全家迁入设区的市等，在这些情况下，土地承包经营权均是被强行剥夺而失去，而非其自愿放弃。对于那些有意愿迁入城镇希望放弃土地承包经营权的农户缺少退出的补偿机制。这必然导致一些本愿意放弃其拥有土地承包经营权的农民，因其利益得不到应有的补偿而犹豫不决。因此，实现农村土地的集中化和规模化就应该遵循以激励农民退出土地经营权为主（即以土地流转为主），鼓励农民退出承包权为辅的两条途径。

综合以上分析可看出，土地承包权的退出包含了两个条件：第一，从身份来看，农民身份转变为城镇居民；第二，从从事的职业来看，农民从农业生产领域退出，进入到非农生产领域。农村土地承包经营权的退出是实现土地集约化生产的最有效途径，有利于优化农村土地资源与生产要素的配置，提高土地生产效率。目前农民土地承包权退出主要有两种路径：一是诱致性退出，即地方各级政府制定各种激励政策引导农户自愿退出土地承包经营权，主要是以"双交换"为内容的模式，鼓励有条件的农民放弃农村土地使用权，成为城镇居民；二是强制性退出，国家或地方政府以公共利益或基础建设的名义征收土地，使部分农民被动市民化而丧失土地承包权。但是农民群体分化的不同，对土地的诉求不同，对退出土地承包权的意愿及条件要求也各不相同，因此应根据农民分化的群体给予不同的激励措施，鼓励其退出土地的全部或部分权利。

## 第三节 西部地区土地流转中土地承包权的退出机制

### 一 农民土地承包权退出的途径

农村土地承包权退出是农村土地流转的终极目标，是实现农业现代化及规模化最有效、最稳定的保证，同时也是实现起来难度较大的一种途径，需要一个漫长的过程。目前土地承包权的退出模式有：土地征用模式、生态退地模式及户籍改革驱动退地模式。其中，土地征用模式是为公共利益需要，政府强制征收农户土地，并改变农村土地的用途，农户退出土地并获得相应补偿与安置，征地模式是典型的农村土地退出模式，各地区普遍存在，也是减少农村土地数量的最常见的一种农村土地退出模式。生态退地模式包括：一是指生态脆弱地区实施的生态移民及地质灾害避险搬迁，将生态保护区的农户迁出，并退出所使用的土地，包括其承包地和宅基地，并给予其相应的补偿与安置，即生态移民农村土地退出模式。二是指按照国家法律规定坡度大于25°的坡耕地要生态退耕，农户不得不退出坡度较大的耕地的模式，政府通过制定适宜政策直接引导，补偿安置标准一致。三是户籍改革驱动退地模式，在户籍制度改革中鼓励有能力的农民落户城镇，政府按照"自愿、有偿"原则，引导农户退出土地承包权，退出的土地按照统一管理原则、用途管制原则进行规模经营，由于我国户籍制度改革中相关配套政策迟缓，农民对该退出模式仍处于观望态度，只观望不行动，使得农村土地承包权退出进行缓慢。以上三种承包权退出模式中，前两种具有法律强制性，户籍改革驱动退地模式具有自愿性，在合法的前提下充分尊重农民的真实意愿。农民依法拥有是否退出土地承包权的自由，也依法享有选择土地承包权退出方式的自由。农户自愿退出土地承包权是实现稳定的农业规模化经营所必需的基础。把建立农地承包权退出制度机制作为突破口，才能彻底走出我国农村人多地少的困境，才能实质性地改变农村土地极度分散化和细碎化的现状，才有利于推动我国城市化水平的大幅提升，从而实现城市化与工业化的协调发展。因此土地承包权退出机制是本书在土地流转中关注的问题之一。

## 二 农民土地承包权退出基本保障

在承包权退出机制中制度保障必须先行，制度保障包括以下几种基本的保障：

一是户籍制度的改革。农村土地承包权退出与20世纪80—90年代的土地换户籍有着本质区别。土地换户籍模式是要求农户转户与农村土地承包权退出挂钩，也就是农户转变为城镇居民后必须退出农村集体土地承包权，显然不利于保护农户权益。在我国农民工的市民化进程中，非农农民在城市中有相对稳定的工作，而且举家迁居城镇的数量不断增加，但是他们依然是制度意义上的农民。他们没有城市居民户籍，仍然是农村集体经济组织成员身份，因此从农业中完全分化出来的非农农民，在城市中始终处于边缘化状态。随着农民工在城镇的就业和居住的稳定，他们市民化的愿望越来越强烈，这部分人是未来市民化进程最快的群体，因此党的十八届三中全会关于"加快户籍制度改革"的部署，备受各界人士的高度关注。在当前和今后一个时期，我国整个社会和经济发展的重要任务是有序推进农业转移人口市民化，并且国家政策强调首先市民化的是在城市具有较高收入水平和稳定就业居住条件的农业转移人口。对于非农农民，通过调整完善户籍迁移政策，采取适当的激励和保障措施，促进这些在城镇生活或定居的常住非农农民的市民化，解决农业转移人口的落户问题。农业转移人口的市民化，意味着该群体退出农业集体经济组织，失去对土地的承包经营权。关于户籍附着的很多利益，城乡之间的差别较大，因此需要统筹兼顾合理安排，这是西部地区更应该特别关注的问题。

二是制度及规则的规范性。制度是为人们的行为及相互关系而设定的一些制约或规则，其包含非正式制度、正式制度以及这些制度的实施机制。非正式制度是人们在长期实践中形成的，并构成世代相传的文化的一部分，它包括风俗习惯、意识形态、道德观念、伦理规范等；正式制度是指国家及各级政府等为达到一定目的而遵循一定程序制定的一系列的政治、经济规则等法律法规，形成了人们行为的约束和激励，它包括宪法、普通法以及明细的规则和个别契约，这些实施机制是制度安排中的关键环节，它是为了确保上述各种规则得以顺利执行的相关制度安排。西部地区城乡差距较大，农民思想观念陈旧，对土地的依恋情节更浓，因此在西部地区农民自愿退出土地承包权时，各级政府必须制定相关的规章制度、激励机制等，明确各自的职责、权力以及相互之间的关系。

在推进外来务工人员（非农农民）从农村走进城市的过程中，除了要致力于取消户籍制度，我们也要关注外来务工人员在城市生活的经济能力以及相关权益的享受。外来务工人员社会保障权益对提高外来务工人员在城市生活的经济能力以及相对满足感具有重要的意义，因此社会保障权益对外来务工人员的城市化意愿具有一定程度的影响。本书将利用2013年七座城市所获得的调查数据，具体分析外来务工人员养老保险、医疗保险及住房公积金对外来务工人员城市化意愿的影响程度。课题组根据2013年在中国七个区域性中心城市上海、广州、天津、武汉、成都、兰州、哈尔滨所做的调查获得的数据，运用heckman两阶段模型分析外来务工人员城市化的定居意愿。本书发现，养老保险和住房公积金对外来务工人员城市化定居意愿具有显著影响，而医疗保险则对外来务工人员的城市化定居意愿影响不显著。从外来务工人员的制度需求来分析：在现代城市中，能找到正式工作的大多数为年轻的外来务工人员，正式工作意味着能享受到正规的社会保险待遇；而年老体弱的外来务工人员则很难找到长久的工作，也几乎无法享受社会保险待遇，因此能参加社会保险的外来务工人员大多为年轻人。年轻健康则意味着对医疗保险的不关注，而面对着城市里高价位的住房，解决住房需求才是他们面临的最现实的问题，住房公积金相比医疗保险就显得更为重要。另外，相对于医疗保险，参保人领取养老保险金存在较强的可预见性；而疾病的发生以及医疗费用的支出金额则存在较强的不确定性。因此，相比养老保险和住房公积金而言，外来务工人员对医疗保险没有非常急迫的需求。为了跳出我国外来务工人员"流动但不定居，定居但不融合"的怪圈，我们要进一步发挥养老保险和住房公积金在外来务工人员城市化定居中的作用，强化企业的养老保险及住房公积金缴费主体的责任，以提高养老保险及住房公积金的覆盖率。同时，我们要加大对医疗保险制度的宣传，以提高外来务工人员的健康风险防范意识，更好地发挥医疗保险的作用。

三是建立经济激励和财政补贴。经济激励是激励机制的核心，根据离农农民承包地退出的参与主体，激励主体包括离农农民、新的农地经营者、集体经济组织和地方政府；财政补贴是退地激励的必要补充。离农农民承包地退出财政补贴主要是指中央政府对地方政府的财政补贴和对离农农民社会保障部分进行补偿的财政补贴。前者主要包括对离农农民户籍转入地的城镇化成本分摊补偿，鼓励户籍转入地政府吸纳离农农民的户籍转入；后者主要是对离农农民退地的社会保障补偿，这部分补偿直接进入离农农民个人或家庭社保账户。

### 三 西部地区农村土地承包权的退出机制

土地承包权的退出是土地流转的终极目标，在西部地区土地承包权退出机制设计中，各级政府都扮演着不同的角色，具有重要的职责。从有利于农民工市民化及保障农民工不同利益的角度，将各级政府分为扮演不同角色的三方面：中央政府、农民户籍所在地政府、农民户籍迁入地政府，在农村土地承包权退出及农民工市民化中各自的职责及角色见图9-3。

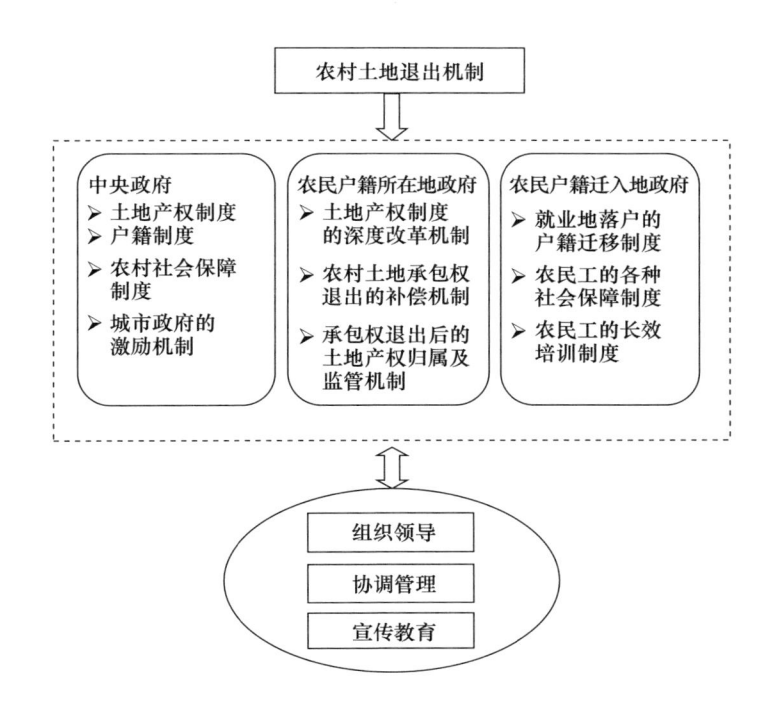

图9-3　农村土地承包权退出机制

（1）中央政府。具体可从这几方面的制度深化着手：一是督促地方进行土地产权制度改革。为了激励有潜在可能退出土地承包权的农户退出其承包权，必须进行深入的土地产权制度改革，只有明确土地的产权主体和完善产权权能内容，才能将农村集体经济组织的财产权利与成员权利统一起来，权利确定是权利流转的前提。因此中央政府应该督促各地尽快完成农村土地承包经营权的确权、登记及发证工作。设定登记、确权、发证时间表。二是深化户籍制度改革。目前推行的户籍制度改革并没有实质性进展，我国目前的户籍附着着太多的利益，户籍制度改革和农村土地制度改革是密切关联的两个问题，没有完善的土地退出制度，户籍制度的改革也难以有实质性推进，同样，如果户籍制度不进行配套改革，也无法彻底建立农村土地承包权退出制度。因此应趁建立农村土地承包权退出制度的时机，深化改革户籍制度，实现城乡户籍迁移与农村土地承包权退出之间的无缝对接。三是健全针对农村土地退出群体的激励与社会保障制度。对于西部农民而言，土地不仅是一般的生产资料，承载着许多社会保障功能。在完善农村社会保障的过程中，应该不断强化农村土地作为生产要素的基本功能，逐步剥离出农村土地所承载的社会保障功能。通过农村社会保障制度改革，逐步将农地承载的社会保障功能转移给政府和社会，最终建立城乡一体化的社会保障体系，覆盖全国城乡的可跨地区转续的社会保障体系，这些是政府不可推卸的责任。四是探索对接收农民工户籍转入地及转出地城市政府的激励机制。目前城市的很多福利（如购买经济适用房、子女入学、社会保险、最低生活保障等）是与户籍联系在一起的，农民工迁入城镇户籍将增加城市政府的额外支出，但是城市政府不愿增加自身的财政负担，导致跨区域转移的劳动力很难在转入地安家落户，这是农民异地城市化的最大障碍。为了农业与城市经济的协调发展，必须探索对接收农民工户籍转入地城市政府的激励机制，弥补城市政府因接纳新市民而增加的财政支出，比如：制定对城市政府接纳农民工转为市民的财政激励措施，设立城乡统筹发展基金等，制定以新增人口为主要依据的城市建设用地指标审批制度等。中央财政每年拿出一定比例的财政预算资金，成立离农农民承包地退出财政补贴专项资金，用于离农农民城镇化和承包地退出补贴，激励地方政府积极参与户籍制度、土地制度和社会保障制度改革。

（2）农民户籍所在地政府。农民户籍所在地政府应该在宏观政策指导下，构建土地承包权退出的补偿机制，设计农户退出承包权的条件等。其内容包括：其一，对农村土地产权制度进行深度改革。目前农村土地承包权稳定性较差、产权权能残缺不全，造成农村土地流转不畅、生产效率低下。明确农村土地的产权主体及完善产权权能内容，将土地财产权与农村集体经济组织的成员权利统一起来，才能真正稳定农村经济关系的制度基础。目前正在进行的土地确权制度就是一条正在探索前进的道路之一，西部地区还应该结合当地的实际情况，在农村土地确权的基础上制定土地产权制度的细则。其二，建立健全土地承包权退出的补偿机制。在农村，土地承包权蕴含的经济利益日益显现，无偿放弃农地承包权对农民来说是不公平的。户籍迁出地的各级政府应该依据出台的相关政策，制定适合本区域的土地退出补偿机制及措施等。建立农地承包权的退出补偿机制可以为迁入城镇的农民提供一定的物质基础，土地承包权补偿费可以用作创业的启动资金、缴纳城市社会保障费用、购买或租住城市住房等。农民退出土地承包权的直接受益者是农民所在集体经济组织的其他成员，间接受益的是当地农村及农业经济发展，即当地政府。因此，土地承包权的退出补偿应当由当地的各级政府及农村集体经济组织成员共同分担。在西部地区，集体经济组织没有经济实力，地方政府也缺乏足够的财力承担这部分补偿费用。因此，考虑实际情况，地方财政和中央财政分担农民土地承包权退出的补偿费是较为合适的选择，补偿款可由中央财政从城乡统筹发展基金的支农开支中划拨部分经费。其三，建立合理确定土地承包权退出后的土地产权归属及监管机制。对于退出承包权的土地，可以有两种产权处理模式：第一种是仿照台湾的土地改革模式，农地承包权退出后的土地产权属于补偿费用的承担者，即中央政府和地方政府，然后政府将退出的农地通过土地置换等方式集中起来转包给种粮能手，逐步收回补偿费用，从而推进农业的集约化和规模化经营；第二种是将退出的土地留给当地农村集体经济组织，随着农民的减少，逐步扩大当地农民家庭的农业生产规模，提高农民收入水平，从而使城乡人均收益逐步达到一种均衡状态。

（3）户籍迁入地政府。农民户籍迁入地政府应构建与完善落户农民的安置及各种保障机制等。具体有：一是建立就业地落户的户籍迁移制度。农民城市化是农村土地承包权退出机制的建立前提。目前小城镇户籍已基本向当地农民放开，部分中等城市的户籍也逐渐向当地农民放开，但是绝大多数农民工的就业地是在异地的大中城市和发达地区，他们的期望是取得就业地的居民身份，通过放弃农地承包权获得原户籍小城镇户口对他们来说毫无意义。各地政府应该深化户籍制度改革，逐渐使城镇户籍向所有农民开放，有利于农村富余劳动力的转移，解决当地经济发展的用工问题。二是健全落户农民工的各种社会保障制度。城市不断增加的生存压力，以及计划经济时期的城市统分统包的政策"红利"日渐消失的现状，导致那些有资格进城落户的农民不愿意或者不敢提出申请落户城市。作为户籍迁入地的城镇政府一定要健全和落实落户农民工取得就业所在地的居民身份后的各项社会保障，这些保障包括养老保险制度、住房保障机制、教育保障机制、医疗保险制度等，以解决落户农民工养老、医疗、子女入学等方面的问题。三是建立农民工的长效培训制度。农民工不愿意退出土地承包权的另外一个顾虑是，他们这个群体的职业具有不稳定性，如果因职业变动，需要"转战"到其他城市，永久市民身份就失去了意义，为此放弃土地承包权也就不划算。为了解决退出土地承包权农民工的后顾之忧，农民户籍迁入地政府应该建立长效培训机制。

总之，土地承包权的退出是土地流转的终极目标，以上三方政府在构建制度以及组织实施过程中，应该建立相应的组织领导机制、协调机制、宣传机制。当农民工就业地与户籍所在地一致时，当地各级政府更应该承担起双重任务。

## 第四节 西部地区土地经营权流转机制

在西部地区，目前的家庭土地承包经营制度存在两个方面的问题：第一，农村集体经济组织以外的资金、人员和技术由于家庭承包经营制度的限制难以流入，对西部这个缺乏资金的地区来说，这一现状严重影响了农业现代化的发展。"集体所有、分户承包经营"的土地承包经营制度，拥有集体经济组织的"成员权"是取得土地承包经营权的前提，可无偿地从集体分得承包经营的土地。相应地，农民土地承包经营权的丧失也是无偿性的，这些决定了集体以外的人员必须要先通过婚姻等方式取得本集体的成员权才可获得集体的土地承包权。这就导致那些想要从事农业生产的企业或个人，拥有和掌握着现代化农业技术及资本，却由于很难通过交易从市场上获得土地的经营权，从而丧失了从事农业生产经营的机会，农业的发展也因此失去了提高效率的机会。在西部农村的生产经营中又极度缺乏资金、技术的支持，因此西部地区在加速农业生产现代化的进程中，应放开土地承包经营权，真正实现土地承包经营权退出的自由以及进入的多途径。第二，限制了依靠集体内部成员促进农业现代化发展的可能性。土地承包经营权的流转途径及方式较为单一，在集体经济组织成员内部难以通过土地承包经营权的流转实现农业生产的集约化和规模化。

农村土地经营权流转是目前现状下实现农业规模经营的有效途径和主要渠道，农村土地经营权流转涉及农业发展、农民利益和农村的未来，是一场农业生产关系的重大变革。现实中农村土地经营权的流转过程如图9-4所示。

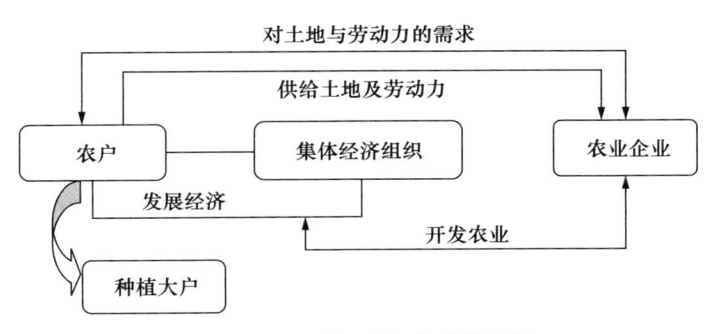

图9-4 土地经营权的流转过程

在土地经营权的流转中，为确保土地经营权的顺利流转，各级政府应该形成分工明确、互相促进、协调有序的机制，具体如图9-5所示。

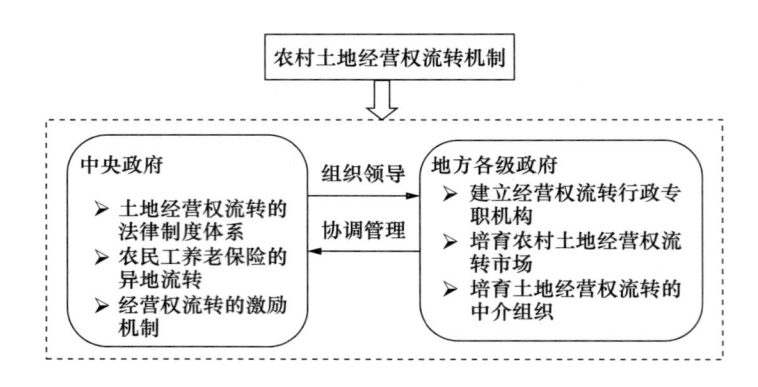

**图9-5　土地经营权流转机制**

## 一　土地经营权流转中的中央政府职责

中央政府在土地经营权流转中扮演着指挥棒的角色，自下而上地汇总收集问题，制定完善基本制度，自上而下地传达执行，具体职责如下：

首先，构建以《土地管理法》为基础土地经营权流转的法律制度体系。西部地区虽然地域宽广，但是人均可耕地少，耕地质量不高，水土流失严重，可耕土地资源严重不足。虽然国家的多部法律都有耕地保护规定，然而长期存在农用地向非农用转化的自发倾向，因此在土地承包经营权流转过程中，必须防止土地流转后农用地改变用途，造成农用地的流失，从而威胁国家粮食的安全。为了防止集体经济组织、企业和个人打着土地流转旗号私下侵占农业用地，应对《土地管理法》进行修改，确立土地流转权的行使主体、条件、程序、监管以及责任制度，在健全农业用地物权制度的同时，必须建立健全严格的土地用途管制制度。在土地承包经营权流转中，严格土地用途管制制度是促进农用土地资源合理有效的基本保证。

其次，建立农民工养老保险的异地转移续接，减弱农民工对土地的依赖。长期以来，养老保险不能跨地转移续接，严重影响了外来工参保的积极性，加重了农民工对土地的依恋。对农民工来说，由于流动性大，可能今天还在城市打工，明天就回乡种地或到其他地区打工去了，养老关系不能异地转移，退保时又只能拿走自己上缴的，损失较大。这些严重影响农民工参保积极性，导致在城镇打工没有安全感。

最后，国家应适时制定激励土地流转政策，特别是向西部地区倾斜的扶持政策。国家的扶持政策可以从财政扶持、项目扶持和用地扶持三方面考虑，同时鼓励各地政府根据地域特点，在国家政策的允许范围之内，构建覆盖土地流转各方面的地方政策激励体系。

## 二 地方各级政府在土地经营权流转中的职责

在西部地区土地经营权流转中，地方各级政府的积极引导起着关键的作用，承担着重要的角色，其职能主要表现在以下几方面：

（一）建立农村土地经营权流转行政专职机构

一是在县级农业行政主管部门或乡镇建立农村土地流转中心。农村土地流转中心的设立有利于县、乡、村形成三位一体的土地经营权流转组织管理体系，这样有利于强化对土地经营权流转的协调服务和统筹管理，起到规范土地适度规模经营的作用。其职责包括：第一，为了避免土地经营权流转过程中的无序性和盲目性，可以根据区域经济特点选择合适规模的农业项目，用来引导土地流转与集中的方向，防止农村土地混乱流转对西部农业发展的影响。第二，认真研究国家的政策法规，包括土地承包法、农村土地承包经营权流转管理办法等，制定适合西部地区的《农村土地承包经营权流转规则》，规范农村土地流转合同，制作统一土地承包经营权的互换、转包、出租、转让等不同的合同示范文本，从流转程序、流转方式、流转主体等方面对农户的土地经营权流转行为进行规范，要求农户无论采取何种土地流转形式，均必须签订土地流转合同，增加农民对农村土地流转的信心。第三，构建针对土地流出农民的外出务工培训机制，建立培训机构，对农民进行专业技术培训，帮助农民寻找外出务工机会，这样有利于提高并扩大农村劳动力转移的速度和规模，可以为促进农村土地流转的规模预留空间。

二是建立农村土地经营权流转价值评价机构和项目策划机构。为了确保农村土地经营权流转中各方的利益，建立对土地经营权的价值评估机构，在对流转土地进行价值评估及分析的同时，对用地项目的可行性及前景进行评估及效益分析，确保土地流转价格和土地用途的匹配性与合理性；同时，为了确保土地流入方项目经营的成功，应建立项目策划与第三方检测机构，实现土地流转与符合当地经济特点的产业化项目的无缝对接，并进行后续支持和跟踪监测，努力做到流转一个成功一个，为当地老百姓带来长期稳定的收益。

三是建立仲裁机构，对土地经营权流转中的问题进行仲裁。为确保土地流转的规范化与合法化，仲裁机构可以为土地流转双方提供法律咨询、公证与援助、民事仲裁等。设立农村土地经营权流转风险基金，在产业发展项目扶持资金中安排一定的经费。保险基金一部分来自农户土地经营权流转收入中的提存，另一部分可来自农业经营者每年交纳的适当的保证金，这两部分共同组成农村土地流转的风险基金，交由乡镇土地流转仲裁机构管理，作为违约时的补偿金，并接受政府的监督。

（二）培育农村土地经营权流转市场

在土地制度的改革及机构建设的基础上，构建配套政策，培育土地经营权流转中的供需主体。具体表现在以下几方面：

一是健全符合当地实际的农村各项保障制度，减弱农民对土地的依赖，提高土地经营权的供给量。第一，建立适合西部农村区域经济发展水平，并与国情相适应的农村社会保障制度。农村社会保障制度安排的重点在于三个方面：农村养老保险制度、最低生活保障制度、农村医疗保障制度。由于西部地区地方政府财力有限，农民的收入普遍不高，因此，可以因地制宜，选择按照地区的不同分别推进农村社会保障工作。第二，加强进城农民工的社会保障工作。在各种完善的制度保障下，这一群体才能在城里安居乐业，才有可能减少对土地的依赖，从而保证土地经营权的流转。对不同层次的农民工，要循序渐进将其纳入社会保障体系。将已经在城市就业较长时间、拥有比较稳定职业的农民工纳入城镇社会保障体系,针对流动性较强的进城农民工,可设计一种过渡性方案,在一定范围内分档次供农民工自愿选择。

二是采取各种措施,培育、扶持土地经营权的需求主体。农村土地流转需求方是有一定社会影响力的粮食种植大户、农业龙头企业、农村经济专业组织等,西部地区应该从不同角度对这些需求主体采取扶植措施。

首先,对于种植大户可以从五方面加强扶持力度:①加强对种植大户农业基础设施建设投入的支持,各级政府要加大对种植大户的道路、水电等农业基础设施建设的支持力度,在大户的承租地中优先安排实施农业综合开发、土地整理复垦、农田水利工程建设等农业项目及重点工程等,不断改善生产条件,提高综合生产力;加大对种植大户的农业补贴力度和资金支持力度,在农资综合补贴及良种补贴等方面要对种植大户实现全覆盖。②在农机具购置补贴上优先考虑种植大户,优先提升大户的机械化作业水平,从而提高农业劳动生产率。③加大对种植大户的资金扶持力度,对于那些规模较大、带动能力较强、有一定发展潜力的种植大户,可以由市、县区两级财政各拿出一定的扶农资金,专门用于扶持这些种植大户,使其率先实行规模集约经营。④加强对种植大户的科技培训力度,各级农业部门要定期对种植大户进行科技培训,提高其科技文化素质,对应用新技术的种植大户及涉农企业要给予适当补助,努力提高在粮食生产中科技的贡献率。⑤加大信贷支持力度。农行、信用社等金融部门要加强对种植大户的信贷支持,降低门槛、放宽条件,解决资金周转困难问题。

其次,加大农业招商引资的力度,吸引农业龙头企业及农村经济合作组织,建设现代农业园区。西部地区,目前县、乡两级政府在农业方面的招商引资力度相对于城市建设中的招商引资力度要小很多。发展土地规模经营,需要招商引入能够带动农业生产规模化的企业。像陕西铜川市耀州区对耀州葡萄酒厂的扶植,带动了酿酒葡萄种植园区的土地流转工作,就很好地说明了这一点,在科学种田和机械化作业上有重大进步。但是与国外的土地规模化经营中的社会化生产、企业化运作、标准化管理相比较,这些离现代化规模经营还有很大的距离，只是一种简单的土地集中，在生产技术与产业组织方面并没有质的变化，这种模式还算不上真正的现代化。因此，要不断探索农村土地流转的多种形式，要积极推广农民以土地入股的形式参与农业种植大户的规模经营、参加农村合作经济组织、加入龙头企业，分享集约化生产带来的红利。

（三）培育土地经营权流转的中介组织

农村土地经营权流转中介组织的作用在于规范和畅通市场交易，促进农村土地资源的优化配置，促进农村土地经营权合理流转，实现农用土地规模化、机械化经营。在农村土地经营权流转的过程中，应该努力为中介组织的发展创造良好条件，促进中介组织的发展，使其功能得到充分的发挥。

首先，创造良好的中介组织发展的社会环境。第一，要减少政府的行政干预，不要把农村土地流转中介组织与村委会纠缠在一起，让中介组织自己经营；第二，要建立健全中介组织的准入与管理的各项规章制度，使中介组织的合法地位和权益从法律角度得到保障，同时规范中介组织的经营和运作行为；第三，在资金与政策上，对农民自发组织成立的农村土地流转中介组织给予支持鼓励。

其次，不断加强农村土地流转中介组织的自我建设和完善。土地流转中介组织除了专业化地收集整理土地供需双方的信息外，还应该不断提升自身对土地测量评估、土地合同管理以及提供相关法律咨询等方面的业务能力，扩大自己的中介范围，更好地为土地流转服务。西部地区国家级杨凌农业科技示范区的农村土地流转的中介组织有效地提升了土地流出方的谈判地位。在农村土地流转的谈判中，中介组织代表所有有土地转出意愿的农户与需求者谈判，有利于相邻土地的协调，从数量、地块的大小等方面增加了需求者获得规模效应的预期，改变了原来单个农户与土地需求方单打独斗的弱势地位，供给者的统一行动有助于提升其市场力量，获取较为理想的交易价格。

最后，加快西部地区城镇化进程。随着经济与社会的发展，经济结构转换与农业人口的减少是一个必然的趋势。目前，在美国、加拿大、英国和法国，农业人口所占比例约占总人口的5%，而美国这一比例更小，为 3.6%，因此转移农村劳动力，减少农村人口意义非凡。当前我国经济发展的一个最大问题是就业结构的转换严重滞后于产业结构的转换。当然转移农村劳动力一方面要继续发挥已有的沿海发达地区吸收劳动力的优势，引导农民工向沿海城市转移；另一方面，加快西部小城镇建设的步伐，为农村劳动力提供更多向第二、第三产业转移的机会，吸引更多农民迁入小城镇。只有农村劳动力实现了稳定、大规模的转移，确保农民有基本的生活来源，农民才有可能自愿放弃承包地，才能加快农村土地流转进程。因此，努力发展第二、第三产业，加快城镇化发展进程，积极支持中西部中小城市的发展，增强中西部城市的人口吸纳能力，大规模地减少农民是农村土地流转的经济基础。建立专门的农村劳动力转移中介机构，根据劳动市场对劳动力的需求情况对农村劳动力进行培训，加大农村劳动力的就业培训、技术培训，提高农村劳动力素质，拓宽其就业渠道，同时大力发展乡镇工业及私营经济，带动农村剩余劳动力的转移。农村土地流转在农村，流转条件必须由城镇创造，这是一个城乡联动的问题，也是一个城乡二元经济体制向一元体制转型的问题，让更多的农民工具备在第二、第三产业就业的能力以及在城镇安家的能力。农民工融入城镇的基本条件是：在城镇有稳定的职业、稳定的收入、可靠的社会保障、固定的居所。只有具备了这些基本条件，农民工才有可能自愿离开土地。当然，也有一些农民工因家里没有劳动力等不具备融入城镇的条件，虽然暂时把承包农村土地流转出去，但这种流转关系很不稳定，从长远考虑，重点还是在积极为农民工创造融入城镇的条件上。

总之，在西部地区，产业带动模式主要指集体经济较为发达的集体经济组织或基层政府，针对长期在外非农务工及其承包地撂荒的农户，通过补偿方式，引导这些农户自愿转让其承包地，承包地收归集体所有后，集体经济组织或基层政府将其发包给有实力的农业产业化公司，该公司通过雇用转让农地农户，进行农业产业化经营，形成"公司+协会+农户"模式。通过对九龙坡区西彭镇 125 户农户进行实地调查，农户选择在本地企业工作，平均非农收入比重达 96%，且对退地补偿满意度较高。

# 第十章 研究结论及展望

## 第一节 研究结论

本书回顾了改革后中国农村土地制度变迁的历程，总结了不同阶段农村土地制度的特点，分析了目前农村土地流转的现状及存在的问题。本书综合运用发展经济学、制度经济学和社会学理论，采用定性与定量相结合、理论分析与实际调研相结合、传统计量方法与数据挖掘方法相结合，对西部地区土地流转的环境、特征、模式以及绩效进行分析，在此基础上提出了西部地区农村土地流转组织创新机制。具体的研究内容和主要观点归纳为以下几方面：

### 一 构建了土地流转的 SCCP 分析范式

构建了土地流转的 SCCP 分析范式，即 Situation – Characteristics – Contract design – Performance 的分析范式。在 SCCP 分析范式中，（SC）是影响研究土地流转行为的外部因素及内部因素，契约设计（CP）是内外部因素之间有机结合起来所决定的研究对象"如何做"的具体方案设计，以及具体的实施保障及机制。本书认为西部农村土地流转研究应该是四个环节之间的有机结合。该分析方法具有使用简单、分析问题直观的重要优点，借助专业化的分析和精确的数据支持工具，可以得出更具说服力的结论。本书利用 SCCP 分析范式对西部地区土地流转的内外部环境及土地流转现状进行了分析。西部地区虽然拥有广袤的土地资源，土地面积占全国的 71.4%，其中农地面积占全国农用地的 36.9%，但是土地质量较差。农村劳动力资源丰富，但是受教育程度偏低，受教育水平在小学及以下的占比为 51.7%，远高于全国平均水平和其他区域。西部地区交通便利程度和其他地区相比也是最差的，西部地区交通干道覆盖乡村较少，导致村庄到商业区的交通便利程度较差，农产品的流通成本较高；中国农村基本教育及文化设施现状比较落后，村里有幼儿园与托儿所、体育健身场所、图书室与文化站、农民业余文化组织等的村庄数量远远落后于东部地区；西部地区农村专业合作经济组织主要以组织生产合作为特征，发展形式多样，但是西部合作经济组织数量少、规模小。这些形成了对土地流转的综合影响。

**二　基于数据挖掘方法的西部地区农户土地流转行为分析**

基于西部地区土地流转的 SC 分析，将对农户土地流转行为可能产生影响的因素归纳为 5 个方面：农户拥有的生产土地的状态、农户家庭劳动力资源、农户生产行为特征、农村经济组织及保障性制度、拥有生产性固定资产情况，具体到上百个变量。首先，根据西部部分农户（2200 户）的调查数据，运用 BP 神经网络方法挖掘对农户土地流转行为具有重要影响的变量进行筛选，取权重大于 0.025 的 17 个对农户土地流转影响较为显著的变量。进一步，运用 Logistic 模型对农户土地流转行为进行计量分析，分析发现：第一，期初实际经营土地（耕地、园地）面积对土地流转具有显著性影响。第二，农业生产技术应用（机耕面积、机播面积、机收面积、机电灌溉面积）对土地流转具有显著性影响。第三，是否领取最低生活保障对土地转出具有显著性影响。第四，是否参加专业性合作经济组织对土地转入具有显著性影响。

**三　对西部土地流转典型案例进行剖析**

本书选择了西部地区 3 个土地流转成功的典型案例（1 个平原案例，2 个高原案例，对西部干旱地区具有一定的代表性）进行连续跟踪监测，剖析土地流转的组织机制及绩效，总结项目中成功实现土地流转的经验。

第一，国家级农业示范区项目——杨凌农业高新技术产业示范区的土地流转剖析。通过该农业产业示范区的土地流转组织机制分析发现：杨凌农业示范区通过体制改革和科技创新，充分利用了杨陵区农业科技人力资源优势，把科技优势转化为产业优势，依靠科技示范和产业化带动，推动干旱、半干旱地区农业实现可持续发展，带动这一地区农业产业结构的战略性调整和农民增收，并最终为我国农业的产业化、现代化做出贡献，总结杨凌农业示范区土地流转的成功经验，有以下几点：一是得益于各级政府的大力支持；二是在土地流转中，政府主导与农户自愿的有效结合；三是探索出一套完善的土地流转三级管理机制；四是土地银行成为土地流转的有效中介。

第二，陕西耀州区酿酒葡萄产业基地建设项目的土地流转。陕西耀州区酿酒葡萄产业基地建设项目是陕西利用世界银行贷款农业科技项目之一，项目承建单位是铜川市耀州区李华葡萄酒有限责任公司，第三方铜川市耀州区酿酒葡萄农民协会，项目技术依托单位是西北农林科技大学葡萄酒学院。项目总投资为999.1万元，其中：世行贷款（中央财政资金）400万元，省（市、县）财政配套资金200万元，自筹资金399.1万元。世行贷款和地方财政配套资金实行有无偿比例20%:80%的政策，项目承建单位负责偿还项目财政有偿资金，50%以上的财政无偿资金投向农户。该项目采取"公司+高校+合作社（协会）+农户"的形式，通过标准化种植、树立标杆，发挥示范作用，从而加快地区标准化生产技术的扩散及农业现代化与规模化。在项目实施中主要采取的土地流转模式为土地置换，形成了三个1080亩的规模种植示范基地。该项目中土地流转的成功经验为：其一，特色产业的选择是土地能顺利流转的关键。其二，世界银行以及各级政府的金融支持，是土地流转得以顺利进行的财力保障。其三，采取"公司+高校+农协+农户"的协作形式及订单式农业种植模式是土地流转中各方权益均衡的保障。其四，具有实力雄厚的龙头企业作支撑，是土地流转得以顺利实现的基础。

第三，陕西铜川公权苹果项目中的土地流转。该项目也是经世行和国家农发办批准的重点扶持的科技项目之一，项目承建单位是铜川市公权苹果专业合作社，项目总投资为2960.3万元，其中：世行贷款（中央财政资金）1345.6万元，省（市、县）财政配套资金

672.8万元，自筹资金941.9万元。铜川市公权苹果专业合作社通过世行铜川苹果项目来发展现代果业、增加农民收入，是成功实现规模经营的成功典例之一。总结成功经验如下：其一，区位优势、产业优势以及利用项目带动是实现土地顺利流转及规模种植的基础。其二，合作社的发展壮大为规范化、规模化农业生产提供了保障。其三，合作社、农户及企业的无缝对接是实现农业规模生产的途径。农村合作经济组织的发展，是土地流转中各方权益均衡的保障。

**四 对台湾地区的三次土地制度变革进行剖析**

本书从台湾地区三次土地改革的背景、思路、措施及取得的成就入手，综观台湾的三次土改，第一次土地改革采取温和的措施，实现了耕者有其田，消灭了地主对佃农的剥削；第二次土地改革采用土地重划的方式，引导小农户转业或鼓励扩大耕种面积，在农业生产中推广"共同经营""专业化经营"和"委托经营"，实现农业集约化；第三次土地改革通过放宽土地流转条件，不仅重视合并分散零碎的土地，改良农业生产的基础设施，同时也注重农林业的生产及居民的生活环境，配合公共设施的加强与更新，改善乡村地区的社会经济条件，以带动整体乡村地区的发展，解决了农地的市场化问题。总结台湾地区的三次土地改革的经验和教训，对西部地区土地流转具有很好的借鉴作用。

**五 探讨了西部地区土地流转组织创新与制度安排**

首先，探讨了西部地区农地流转组织创新与目标模式的选择。西部地区土地流转的终极目标应该是：保障农户对土地的承包权，用活土地经营权，推动农地资源有效配置和现代农业的发展。终极目标可以分解为：促进农业转移人口市民化，培育新型农业经营主体，探索土地流转模式。未来西部农村土地制度创新，应该是以农户家庭及农业企业法人组成的微观创新主体的自发创新为基础，以宏观组织创新主体（政府）理性的创新行为为主导，以区域性合作经济组织组成的中观经济创新主体的助推行为为辅助的制度创新进程。其次，构建了土地流转组织创新体系。本书根据创新体系的构建原则及各子系统的功能和相互关系构筑了一个框架模型，认为土地流转创新体系包括两个层次、五个子系统。两个层次即创新主体层次和创新支撑层次，五个子系统包括三个主体系统和两个支撑系统。最后，探讨了西部地区土地承包权的退出及进入机制。本书认为西部地区农业要实现最终的现代化，就必然依赖于对土地进行适度的集中，以及外来技术和资金的引进，其中建立健全农村土地承包经营权的退出机制是建立进入机制的基础和前提。深入探讨了土地承包经营权的退出及流转机制，分析了在退出机制中，中央政府、农民户籍所在地政府、农民户籍迁入地政府在土地承包权退出及农民工市民化中各自的职责及角色新框架，探索了在土地经营权流转机制中涉及的中央和地方政府的职责，以及它们之间的组织领导与协调管理的机制关系。

## 第二节　学术价值、应用价值以及社会影响和效益

本书构建了SCCP分析范式，分析土地流转的思路框架，可以全面、系统地分析及研究土地流转，在理论方面提供了一种规范的研究范式，具有一定的理论价值。根据研究结果制定相应的战略计划以及实施对策等。利用该分析范式分析影响西部地区农户土地流转行为的因素，并利用数据挖掘方法进一步对这些因素进行筛选及量化分析，对西部地区制定促进土地流转措施具有重要的参考价值。运用SCCP分析范式分别对西部地区及台湾地区的土地流转案例进行剖析，在此基础上揭示土地流转的组织创新及变迁的内在机理和一般规律，对设计西部地区土地流转的组织及机制创新具有很好的借鉴作用。最后，针对西部地区农业、农村、农户的实际情况，提出农村土地流转中组织机制创新，对政府制定政策具有一定的参考价值。

## 第三节　成果存在的不足或欠缺及尚需深入研究的问题

本书对西部地区农户土地流转行为的内外部因素及行为规律进行了比较充分的分析，构建了西部地区农村土地流转的组织创新机制，基本完成了预期的研究任务，但由于自身研究能力有限，在以下几方面还存在着一定的问题与不足：

一是土地流转中涉及的社会保障制度的理论内容十分丰富，由于研究人员的相关理论功底不够深厚，因此对推进土地流转中社会保障制度的设定分析较为粗浅。需要在以后的学习中深化相关理论的学习，对该部分研究内容继续做精细研究。

二是在土地流转方式的研究上，偏重于理论分析，而对土地流转方式的具体操作设计不到位。本课题组成员将会继续密切关注新一轮农村土地改革的进展，不断补充完善这部分内容。

附 录

# 西部地区 2200 户农户所在村的社会经济及制度环境调查数据截图

附　录 | 177

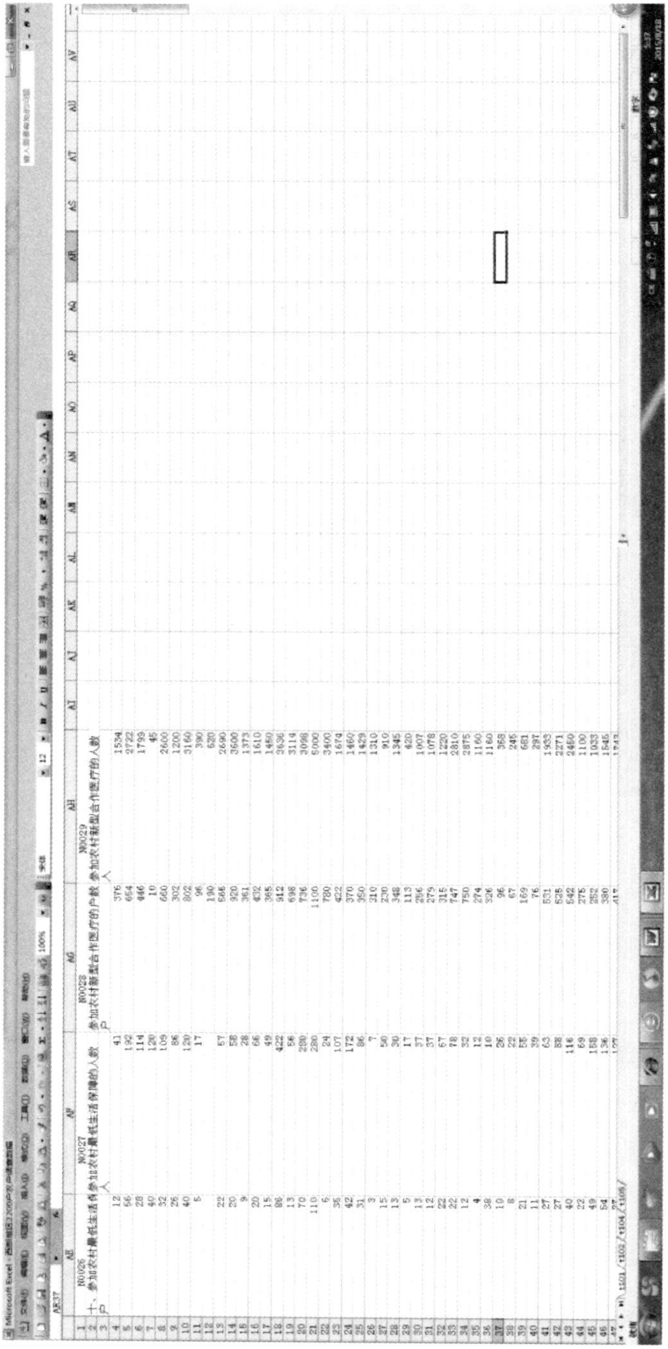

| | AE | AF | AG | AH |
|---|---|---|---|---|
| 1 | N0026 | N0027 | N0028 | N0029 |
| 2 | 十、参加农村最低生活保 | 参加农村最低生活保障的人数 | 参加农村新型合作医疗的户数 | 参加农村新型合作医疗的人数 |
| 3 | 户 | 人 | 户 | 人 |
| 4 | 12 | 41 | 376 | 1534 |
| 5 | 56 | 192 | 654 | 2722 |
| 6 | 28 | 114 | 446 | 1799 |
| 7 | 40 | 120 | 10 | 45 |
| 8 | 32 | 109 | 660 | 2600 |
| 9 | 26 | 86 | 302 | 1200 |
| 10 | 40 | 120 | 802 | 3160 |
| 11 | 5 | 17 | 96 | 390 |
| 12 | | | 190 | 620 |
| 13 | 22 | 57 | 566 | 2690 |
| 14 | 20 | 58 | 920 | 3600 |
| 15 | 9 | 28 | 361 | 1373 |
| 16 | 20 | 66 | 432 | 1610 |
| 17 | 15 | 49 | 365 | 1450 |
| 18 | 86 | 422 | 912 | 3636 |
| 19 | 13 | 56 | 698 | 3114 |
| 20 | 70 | 280 | 736 | 3098 |
| 21 | 110 | 280 | 1100 | 5000 |
| 22 | 6 | 24 | 780 | 3400 |
| 23 | 35 | 107 | 422 | 1674 |
| 24 | 42 | 172 | 370 | 1460 |
| 25 | 31 | 86 | 350 | 1429 |
| 26 | 3 | 7 | 310 | 1310 |
| 27 | 15 | 50 | 230 | 910 |
| 28 | 13 | 30 | 348 | 1345 |
| 29 | 5 | 17 | 113 | 420 |
| 30 | 13 | 37 | 256 | 1007 |
| 31 | 12 | 37 | 279 | 1078 |
| 32 | 22 | 67 | 315 | 1220 |
| 33 | 22 | 78 | 747 | 2810 |
| 34 | 12 | 32 | 750 | 2875 |
| 35 | 4 | 12 | 274 | 1160 |
| 36 | 38 | 10 | 326 | 1160 |
| 37 | 10 | 26 | 96 | 368 |
| 38 | 8 | 22 | 67 | 245 |
| 39 | 21 | 55 | 169 | 681 |
| 40 | 11 | 39 | 76 | 297 |
| 41 | 27 | 63 | 531 | 1933 |
| 42 | 27 | 88 | 525 | 2271 |
| 43 | 40 | 116 | 542 | 2450 |
| 44 | 22 | 69 | 275 | 1100 |
| 45 | 49 | 158 | 252 | 1033 |
| 46 | 54 | 136 | 380 | 1545 |

# 西部地区 2200 户农户家庭结构及生产条件调查数据截图

180 | 西部地区农户生产行为与土地流转的组织创新研究

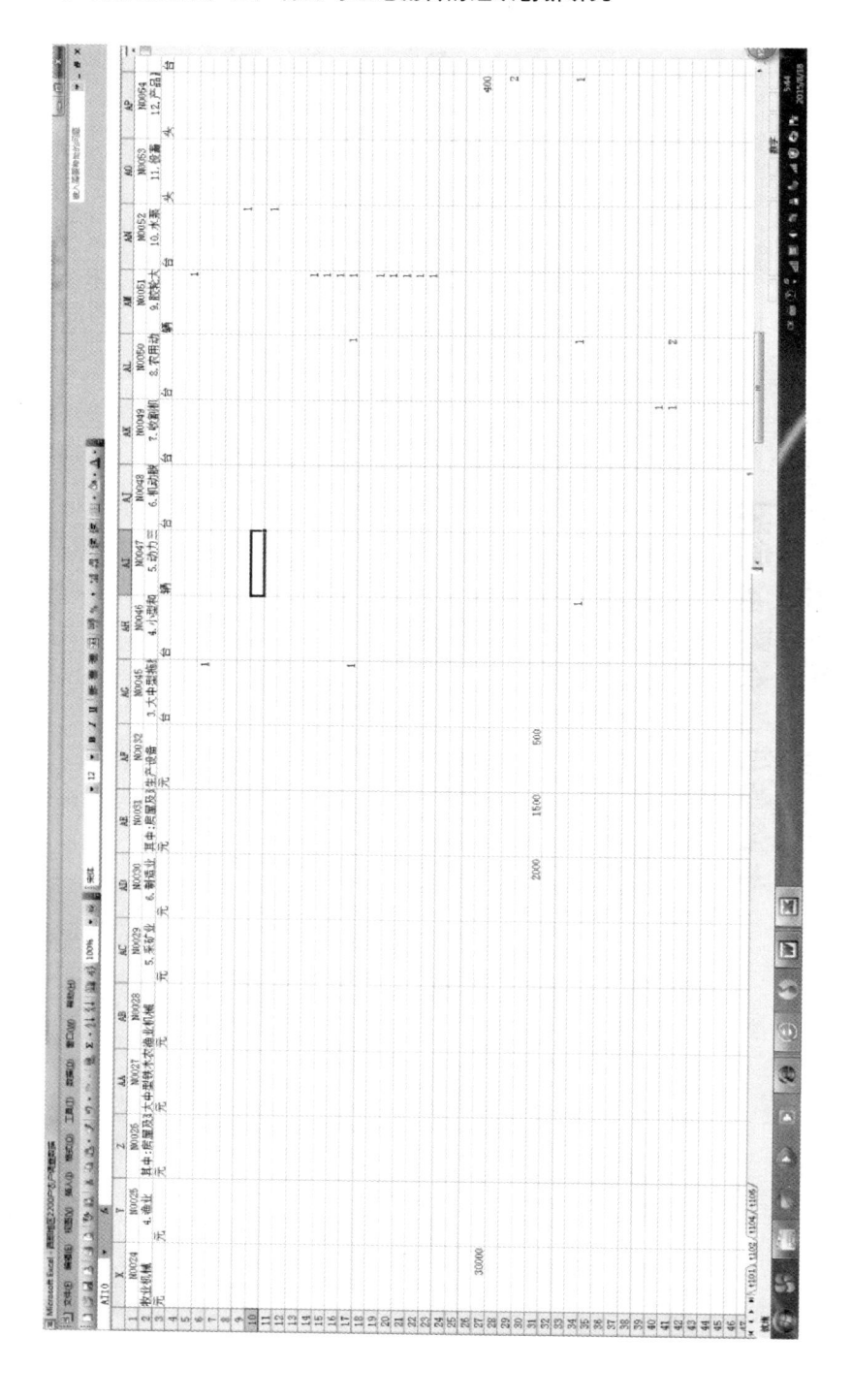

西部地区 2200 户农户家庭劳动力从事生产情况调查数据截图

# 西部地区 2200 户农户家庭经营土地类型及流转情况调查数据截图

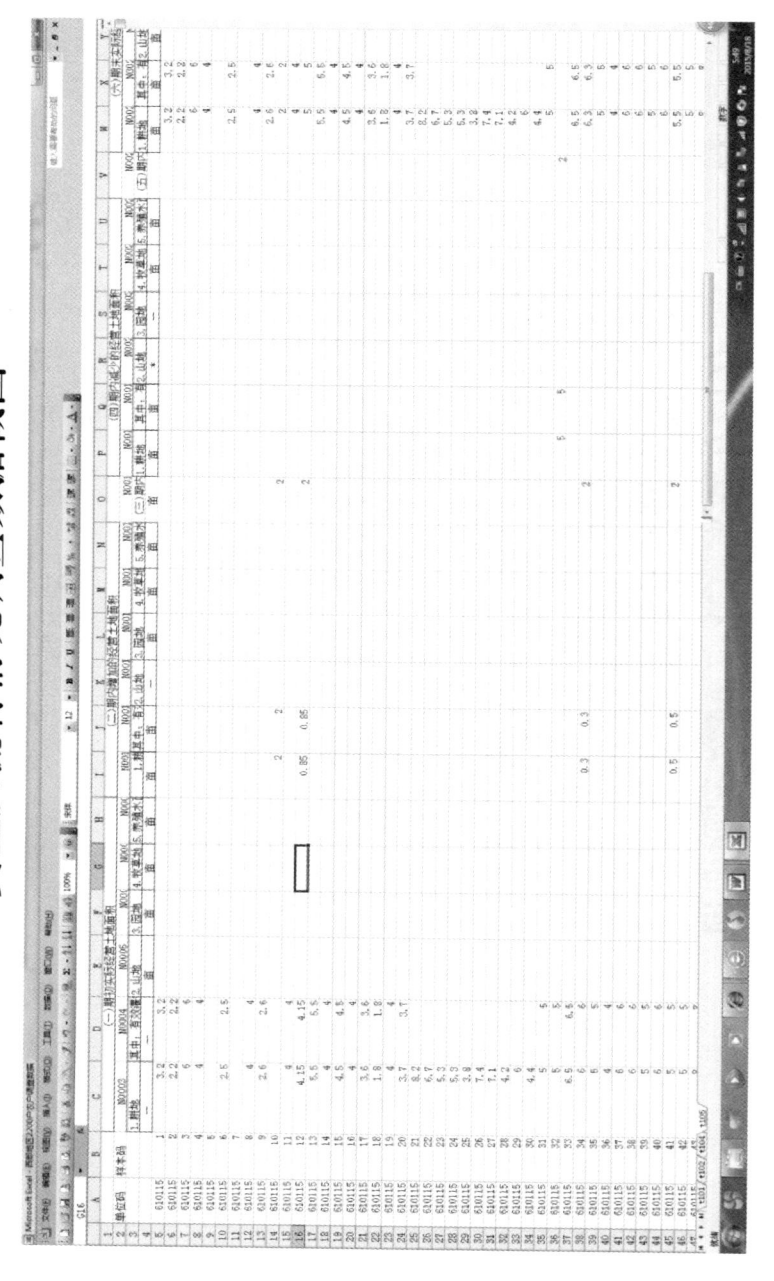

附 录 | 183

# 补充农户土地流转调查数据截图

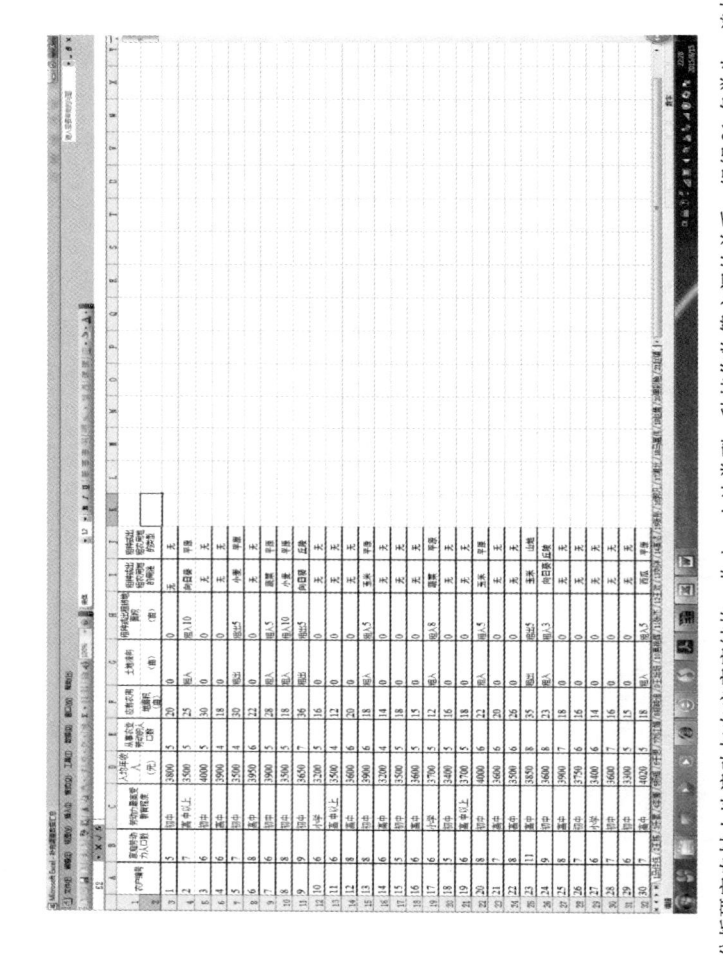

注：为了进一步分析研究农村土地流动与农户家庭结构、收入、土地类型、种植作物等之间的关系，追加调查了西部620户农户的信息，本表即为其中一名学生调查数据的截图。

# 参考文献

[1] 黄茜：《农村基层组织对农户土地流转行为的影响研究——以南京市为例》，硕士学位论文，南京农业大学，2008年。

[2] 吴越：《地方政府在农村土地流转中的角色、问题及法律规制——成都、重庆统筹城乡综合配套改革试验区实验研究》，《甘肃社会科学》2009年第2期。

[3] 焦国栋：《农村土地流转应发挥好市场和政府的作用》，《光明日报》2014年9月20日。

[4] 全国人民代表大会：《涉及户口的相关法律、法规、部门规章（摘要）》，http：//www.mps.gov.cn/n16/n1991360/n1991447/2142531.html，2009年11月27日。

[5] 贺雪峰：《论农村基层组织的结构与功能》，《天津行政学院学报》2010年第6期。

[6] 王辽卫、王征兵、任耀飞：《农村基层组织现状及发展方向探讨》，《安徽农业科学》2006年第5期。

[7]《农村土地管理及相关的法律法规和政策》，http：//oa.ahxf.gov.cn/village/Content.asp？WebID=27159&Class_ID=102935&id=427742，2011年4月29日。

[8] 周金衢：《农村土地流转中农民、大户与国家关系研究——基于桂东南F区的实地调查》，博士学位论文，华中师范大学，2014年。

[9] 宋辉：《农地流转中农户、村委会、政府行为研究——基于襄阳市农户的实证调查》，博士学位论文，华中农业大学，2013年。

[10]《农村土地法律法规收集目录》，http：//wenku.baidu.com/link？

url＝oId1sFRhiBnV37－RmRE6WRoQtPcfLHcbYs1MIkm1F2hkb0LEZ3CD－H24uzcQGfDt0Tjok－DQiP3gzcTSK1494sMueLHJTmCJSbHXiIQrJKC，2010－09－08。

［11］林亮景：《新时期农村土地流转中基层政府角色研究》，《安徽农业科学》2012年第4期。

［12］《有关农村土地的主要法律法规》，http：//ww. tdzyw. con/subject/landlaw，2013－01－24。

［13］夏柱智：《农地流转制度创新的逻辑与步骤》，《华南农业大学学报》（社会科学版）2014年第3期。

［14］冯继康、李岳云：《农村土地制度创新的主体设计与动力分析》，《山东农业大学学报》（社会科学版）2004年第2期。

［15］刘佳、吴迪：《中国西部地区土地流转的制度约束及管理模式创新研究——以甘肃、贵州两省为例》，《现代商业》2009年第24期。

［16］李淑妍：《农民工市民化视角下的农村土地流转问题研究》，博士学位论文，辽宁大学，2013年。

［17］黄宝连、黄祖辉、顾益康等：《产权视角下中国当前农村土地制度创新的路径研究——以成都为例》，《经济学家》2012年第3期。

［18］李明秋：《中国农村土地制度创新研究》，博士学位论文，华中农业大学，2001年。

［19］梅哲、陈霄：《城乡统筹背景下农村土地制度创新——对重庆农村土地制度改革的调查研究》，《华中师范大学学报》（人文社会科学版）2011年第3期。

［20］盖国强：《新农村建设中的土地制度创新研究》，《农业经济问题》2007年第3期。

［21］傅晨、任辉：《农业转移人口市民化背景下农村土地制度创新的机理：一个分析框架》，《经济学家》2014年第3期。

［22］杨金、马建：《创新土地流转机制推动农业规模经营》，《四川农业与农机》2014年第4期。

[23] 韩盛文：《发展乡镇农业企业 提升城镇化水平》，《江南论坛》2014年第7期。

[24] 邬宝良：《甘南县发展农村土地适度规模化、集约化经营生产初探》，《现代经济信息》2014年第3期。

[25] 曾庆学：《关于农村土地流转机制创新研究》，http：//www.caein.com/index.asp？xAction = xReadNews&NewsID = 58168，2010年9月17日。

[26]《关于引导农村土地经营权有序流转发展农业适度规模经营的意见》，《人民日报》2014年11月21日。

[27] 伍耀规：《广西家庭农场适度规模经营研究》，《南方农业学报》2014年第4期。

[28] 赵瑞琴、郭利朋、卢国华：《基于SWOT分析的河北省家庭农场战略》，《江苏农业科学》2014年第9期。

[29] 邓兰燕、易小光、丁瑶等：《基于统筹城乡发展背景下土地流转制度创新设计研究——以西部地区发展为例》，http：//wenku.baidu.com/link？url = D - o4Tq41b4XEgAAJ2EZFv2_ eTLcpak8SBnei1uopz9glanyT7L4D_ wZtwfAi8TvxLleXYF2PIpwN3D8L3nPWlTXHDcUXzlUpkak7GF0uOym，2012年3月13日。

[30] 任敬华：《加快创新农村土地流转机制》，《农村实用技术》2014年第10期。

[31] 贺小慧：《家庭经营与农业现代化的结合》，《人民论坛》2014年第2期。

[32] 宋茂华：《农民专业合作组织治理机制研究》，《农村经济》2007年第2期。

[33]《十八届三中全会〈决定〉关于农村改革方面的全面解读》，http：//www.gkstk.com/article/1384928092.html，2012年3月13日。

[34] 傅泽平：《四川农村新型专业合作经济组织机制创新研究》，《经济体制改革》2005年第6期。

[35] 邓兰燕、郭鸣、邓吉敏等：《重庆农村土地流转现状及制度设

计的方法和途径探索——重庆市统筹城乡发展系列研究之一》，《农村发展》2008年8月28日。

［36］姜云峰：《完善农村土地流转的具体方法》，《农民致富之友》2014年第19期。

［37］熊卫疆、金焕敏：《完善农村土地流转机制 促进农业增效农民增收——巴中市农村土地经营权流转情况调查报告》，《巴中日报》2014年9月21日。

［38］我国农村土地流转创新模式六大类分析，http：//www.zzny.gov.cn/art/2014/4/14/art_5013_748663.html，2014年4月14日。

［39］冯飞：《西部地区农民专业合作经济组织发展研究》，博士学位论文，西北农林科技大学，2007年。

［40］丁瑶、邓兰燕：《西部地区土地流转制度创新设计》，《探索》2008年第5期。

［41］赵朋飞：《西部现代农业发展面临的基本制约与路径选择》，硕士学位论文，西南财经大学，2012年。

［42］李颖：《新型城镇化背景下产业转移的土地流转机制研究》，《现代产业经济》2013年第9期。

［43］尚利娜：《中国农村土地制度存在的问题、面临的困境及改革思路》，《现代经济信息》2014年第9期。

［44］李宁、陈利根、孙佑海：《转型期农地产权变迁的绩效与多样性研究：来自模糊产权下租值耗散的思考》，《江西财经大学学报》2014年第6期。

［45］杨学成等：《农村土地关系思考：基于1995—2008年三次山东农户调查我国农村剩余劳动力转移的对策》，《管理世界》2008年第7期。

［46］贺雪峰：《土地调整的南北差异》，《古今农业》2007年第4期。

［47］刘卫柏：《基于Logistic模型的中部地区农村土地流转意愿分析——来自湖南百村千户调查的实证研究》，《求索》2011年第

9 期。

[48] 刘秀清：《以土地经营体制机制创新破解农村改革发展瓶颈》，《学习月刊》2014 年第 12 期。

[49] 夏柱智：《农地流转制度创新的逻辑与步骤》，《华南农业大学学报》（社会科学版）2014 年第 13 期。

[50] 冯继康、李岳云：《农村土地制度创新的主体设计与动力分析》，《山东农业大学学报》（社会科学版）2004 年第 6 期。

[51] 刘克春：《农户农地流转决策行为研究》，博士学位论文，浙江大学，2006 年。

[52] 道格拉斯·C. 诺斯：《产权与国家》，上海三联书店 2001 年版。

[53] R. 科斯、A. 阿尔钦、D. 诺斯等：《财产权利与制度变迁：产权学派与新制度学派译文集》，刘守英等译，上海人民出版社 1994 年版。

[54] 林毅夫：《制度、技术与中国农业发展》，上海三联书店 1992 年版。

[55] 林毅夫：《小农与经济理性》，《农村经济与社会》1988 年第 3 期。

[56] 林亮景：《新时期农村土地流转中基层政府角色研究》，《安徽农业科学》2012 年第 4 期。

[57] 闫文：《中国农地产制度变迁轨迹》，《农业经济》2010 年第 11 期。

[58] 闫文：《农村土地承包经营权流转机制研究》，博士学位论文，河北农业大学，2010 年。

[59] 刘佳：《中国西部地区土地流转的制度约束及管理模式创新研究——以甘肃、贵州两省为例》，《现代商业》2009 年第 8 期。

[60] 李淑妍：《农民工市民化视角下的农村土地流转问题研究》，博士学位论文，辽宁大学，2013 年。

[61] 李淑妍：《中国农村土地流转制度的历史演进及启示》，《沈阳师范大学学报》（社会科学版）2012 年第 11 期。

[62] 黄宝连：《农地产权流转平台及机制研究》，博士学位论文，浙

江大学，2012年。

[63] 黄宝连：《构建以承包权为基础的农村土地产权新形态》，《农业部管理干部学院学报》2013年第9期。

[64] 杨德才：《论我国农村土地流转模式及其选择》，《当代经济研究》2005年第12期。

[65] 于传岗：《我国地方政府主导型土地流转模式、流转成本与治理绩效分析》，《农业经济》2011年第7期。

[66] 于传岗：《基于国家治理视角下农户主导型土地流转性质分析》，《农业经济》2012年第10期。

[67] 潘承凡：《发展现代农业的新探索》，《农村经济与科技》2007年第8期。

[68] 周增军：《"股田制"值得推广》，《第一财经日报》2012年1月1日。

[69] 谌争勇：《农村土地流转抵押贷款：发展模式、制约因素及策略安排》，《海南金融》2012年第4期。

[70] 董国礼、李里、任纪萍：《产权代理分析下的土地流转模式及经济绩效》，《社会学研究》2009年第1期。

[71] 邵景安、李阳兵、魏朝富、谢德体：《区域土地利用变化驱动力研究前景展望》，《地球科学进展》2007年第8期。

[72] 邵景安、魏朝富、谢德体：《家庭承包制下土地流转的农户解释：对重庆不同经济类型区七个村的调查分析》，《地理研究》2007年第3期。

[73] 冯炳英：《农村土地流转的绩效与发展对策》，《农业经济》2004年第4期。

[74] 汪建红、曹建华：《农村土地流转机制效应与绩效——以江西为例》，《江西农业大学学报》（社会科学版）2006年第12期。

[75] 冯应斌、杨庆媛、董世琳、毛旭明、齐梅：《基于农户收入的农村土地流转绩效分析》，《西南大学学报》（自然科学版）2008年第4期。

[76] 岳意定、刘莉君：《基于网络层次分析法的农村土地流转经济

绩效评价》，《中国农村经济》2010年第8期。

[77] 张梦琳：《农村集体建设用地流转的模式绩效与路径选择》，《农村经济》2013年第1期。

[78] 陈水生：《土地流转的政策绩效和影响因素分析——基于东中西部三地的比较研究》，《社会科学》2011年第5期。

[79] 韩冬、韩立达：《农村土地综合整治绩效评价的MAUT及FANP分析》，《重庆大学学报》（社会科学版）2013年第3期。

[80] 蒋满元、唐玉斌：《影响农村土地流转的原因及其有效途径探讨》，《华中农业大学学报》（社会科学版）2006年第8期。

[81] 吴金和、吴吉民、郑千愚：《农村土地流转的动因、问题与建议——次贷危机下农村土地使用权流转制度的冷思考》，《中国集体经济》2009年第5期。

[82] 南伟强、敖美玲：《论土地流转的推进与模式选择》，《中国集体经济》2010年第12期。

[83] 任敬华：《加快创新农村土地流转机制》，《农村实用经济》，2014年第10期。

[84] 贺小慧：《家庭经营与农业现代化的结合》，《人民论坛》2014年第2期。

[85] 宋茂华：《传统农业的特征及其现代化改造——读舒尔茨〈改造传统农业〉的思考》，《襄樊学院学报》2009年第3期。

[86] 郭晓丽：《耕地承包经营权流转的影响因素研究》，《商业时代》2011年第6期。

[87] 钟涨宝、余建佐、李飞：《从农户农地流转行为看农地流转的制约因素——以广西南宁市马山县为例》，《乡镇经济》2008年第7期。

[88] 贺振华：《把握城镇化新阶段的机遇》，《中国资本市场》2010年第3期。

[89] 贺雪峰：《"农民"的分化与土地利益分配问题》，《法学论坛》2010年第11期。

[90] 陈美球、肖鹤亮、龙颖、吴萍：《农户耕地流转意愿及驱动力

研究进展及展望》，《中国农业资源与区划》2008 年第 4 期。

[91] Julinao, J. Assung, Maitreesh, G. , "Can Unobserved Heterogeneity in Farmer Ability Explain the Inverse Relation Ship Between Farm Size Productivity", *Economics Letters*, 2003（80）.

[92] Wang J. r. , Gail, L. & Crmaer, E. J. , "Produetion Efficiency of Chinese Agriculture: Evidence from Rural Household Datas", *Agricultural Economics*, 1996（15）.

[93] Terry, V. D. , "Scenarios of Central EuroPean land Fragmentation", *Land Use Policy*, 2003（20）.

[94] Brekke, K. , M. & Howarth, R. B. , "The Social Contingency of Wants", *Land Economics*, 2000, 76（4）.

[95] Howarth R. B. , "Status effects and environmental externalities ", *Ecological Economics*, 1996, 16（1）.

[96] Basu Arnab K. , "Oligopsonistig Landlords, Segmented Labour Markets, and the Persistence of Tier – labour Contracts", *American Agricultural Economies Association*, 2002（2）.

[97] Feder, Gershon & Tonroj O. , *Land Policies and Farm Productivity in Thailnad*, Baltimore: Johns Hopkins Press, 1998.

[98] Dong, X. Y. , "Two – Tier Land Tenure System and Sustained Eeonomic Growth in Post 1978 Rural China", *World Development*, 1996, 24（5）.

[99] Wegern S. K. , "Why Rural Russians Participate in the Land Market: Soeio – economic Factors", *Post – Communist Economics*, 2003, 15（4）.

[100] Bogaerts T. , Willimason I. P. , Fendel E. M. , "The Roles of Land Administration in the Accession of Central European Countries to the European Union", *Land Use Policy*, 2002, 19（1）.

[101] Tesfaye Teklu, Adugna L. , "Factors Affecting Entry Intensity in Informal Rental Land Markets in the Southern Ethiopian High Lands", *Agricultural Economics*, 2004（30）.

[102] Tin N. Cheng E. J., "Land Fragmentation and Farm Produetivity in China in the 1990s", *China Economic Review*, 1997, 7（2）.

[103] Juliano, J. Assunrao & Maitreesh, G., "Can Unobserved Heterogeneity in Farmer Ability Explain the Inverse Relationship Between Farm Size Productivity", *Economics Letters*, 2003（80）.

[104] Aubry C., Papy F. & Capillon A., "Modeling Decision – Making Progresses for Annual Crop Management", *Agricultural Systems*, 1998, 56（1）.

[105] 史清华，贾生华：《农户家庭农地流转及形成根源——以东部沿海苏鲁浙三省为例》，《中国经济问题》2003年第5期。

[106] 田传浩：《农地制度、农地租赁市场与农地配置效率：理论与来自苏、浙、鲁地区的经验》，经济科学出版社2005年版。

[107] 王小映：《土地制度变迁与土地承包权物权化》，《中国农村经济》2000年第1期。

[108] 王景新：《中国农村土地制度的世纪变革》，中国经济出版社2001年版。

[109] 丁志坚：《运用马可夫链模式度量土地利用变迁之研究》，硕士学位论文，台湾大学，1997年。

[110] 李建堂：《山地保留地土地利用变迁之研究——屏东县雾台乡个案分析》，硕士学位论文，台湾大学，1988年。

[111] 詹振维：《以碎形几何理论模拟与分析都市成长模式之研究》，硕士学位论文，成功大学，1999年。

[112] 廖亚祯：《土地利用之地景变迁》，硕士学位论文，中兴大学，2002年。

[113] 刘少阳：《空间分析应用于海岸地区土地利用规划之研究》，硕士学位论文，东华大学，2003年。

[114] 蔡慧敏：《岛屿环境变迁研究》，博士学位论文，台大地理所，1999年。

[115] 郑先佑：《国土规划的拓荒心态和生态发展原则之初探》，国土规划研讨会——永续发展的绿色台湾，1992年。

[116] Karl, E. R., Land Use Change in Central Tibet, University of Minnesota, 2002.

[117] Lu, K. S. A Parcel GIS – based Multinomial Logistic Model for Destination Land Use Prediction, University of Clemson, 2001.

[118] Martin R. J., Battershill W. G., "Andrew Socio – economic Constraints and Environmentally Friendly Farming in the Southwest of England", *Rural Studies*, 1997, 13 (2).

[119] Suzanne S., E. F. Lambin., "Proximate Causes of Land – use Change in Narok District, Kenya: A Spatial Statistical Model", *Agriculture, Ecosystems and Environment*, 2001 (85).

[120] William B. M., B. L. Turner II, Changes in Land Use and Land Cover: A Global Perspective, University of Cambridge, Great Britain, 1994.

[121] Yushuang Z. Development of Integrated Prognostic Models of Land Use/land Cover Change: Case Studies in Brazil and China, State University of Michigan, 2002.